KAI WIESINGER

LIEBE IST DAS, WAS DEN GANZEN SCHEISS ZUSAMMENHÄLT

Familiengeschichten

❄ | FISCHER

MIX
Papier aus verantwor-
tungsvollen Quellen
FSC® C014496

Originalausgabe
Erschienen bei FISCHER Taschenbuch
Frankfurt am Main, September 2022

© 2022 S. Fischer Verlag GmbH,
Hedderichstr. 114, D-60596 Frankfurt am Main

Satz: Dörlemann Satz, Lemförde
Druck und Bindung: GGP Media GmbH, Pößneck
Printed in Germany
ISBN 978-3-596-70816-1

INHALT

EIN PAAR WORTE VORWEG ...

Na, wünschen Sie sich auch manchmal das Gegenteil von dem, was Sie gerade haben?

Obwohl Sie Ihren Weg gegangen sind, immer in der Überzeugung, das Richtige zu tun, viele Ziele erreicht haben und eigentlich glücklich sind, denken Sie manchmal »Verflixt!«?

Konnten Sie zu Schulzeiten auch das Wochenende kaum erwarten und sehnen jetzt den Montag herbei, dass bitte alle wieder in die Schule und die Kita gehen?

Die Familie ist für viele von uns zweifelsohne zu Recht das höchste Glück, aber je länger man vollkommen übermüdet vorgelesen, Lieder gesungen, Elternabende besucht, Lego und Baumhäuser gebaut hat, desto verlockender erscheint die Vorstellung, auch mal wieder eine Stunde für sich zu haben. Oder auch zwei. Ohne irgendwen um sich herum.

Die Liebsten wohlbehütet und fröhlich untergebracht zu wissen und einfach mal machen zu können, was man will.

Was ja absolut nicht heißt, die Familie nicht über alles zu lieben! Es heißt auch nicht, undankbar zu sein oder gar mit einem anderen Leben tauschen zu wollen oder alles anders zu machen, einfach zu verschwinden und nur noch an sich zu denken, ohne Kompromisse egoistisch nur noch Verantwortung für sich selbst tragen zu wollen –, sondern es heißt schlicht und einfach, sich einzugestehen, auch mal mit den Kräften am Ende zu sein und eine kurze, winzige

Auszeit zu brauchen, um die Batterien zu laden, um dann wieder für die Familie da sein zu können.

Wahrscheinlich hat sich niemand von Ihnen träumen lassen, eines Tages vom Alltag überrollt zu werden. Auch nicht, dass es Eltern gibt, die nach einem nervenaufreibenden Kindergeburtstag zwei Stunden mit einem Glas Prosecco auf Ihrem Sofa sitzen, statt den Sohn oder die Tochter einfach an der Tür abzuholen. Kaum einer hat vorgehabt, mit einer gut gemeinten Notlüge eine Beziehungskrise auszulösen, oder geahnt, dass das Beibringen guter Tischmanieren eine 15-jährige Wiederholung der immer gleichen Bitten bei jedem Essen bedeutet.

Wer konnte sich schon vorstellen, dass Kaugeräusche des von ganzem Herzen geliebten Partners einen in den Wahnsinn treiben, oder eines Tages im Kinderzimmer zu drohen: »Eins, zwei und die letzte Zahl heißt drei«, nur weil man sich nicht mehr anders zu helfen wusste.

Die Geschichten auf den nächsten Seiten erzählen aus Sicht des Familienvaters Tim vom Auf und Ab des Familien- und Beziehungslebens. Von der Geburt ihres Sohnes bis zum Auszug der Tochter erleben wir, wie die Zeit an Tim und Tanja und uns vorbeifliegt. Gemeinsam durchleben sie Momente und Situationen, die wahrscheinlich vielen von uns bekannt vorkommen.

Wir versuchen, für unsere Partner und Kinder da zu sein, und ich habe festgestellt, dass viele von uns sich nicht eingestehen mögen, wie schwer das manchmal ist. Wie stressig, frustrierend und abtörnend. Wir trauen uns manche Dinge nicht zu hinterfragen aus Sorge, die Antwort könnte uns nicht gefallen. Vielleicht schämen wir uns sogar für diese Gefühle.

Tim und Tanja sind frei erfundene Figuren. Aber ihre Gefühle sind echt. Egal was den beiden geschieht, ich lege meine Hand dafür ins Feuer, ihre Gefühle sind mir sehr bekannt. Entweder habe ich mich in ähnlichen Situationen selbst so gefühlt, oder ich kenne jemanden, dem es ganz genau so erging.

Ich habe diese Geschichten geschrieben, weil ich glaube, nicht der einzige Vater zu sein, der sich manchmal fragt, wie wir in unserer heutigen Gesellschaft allen Anforderungen an ein harmonisches Familienleben mit allem Drum und Dran gerecht werden können –, aber auch nicht der Einzige zu sein, der keine wirkliche Antwort darauf hat. Aber eines weiß ich sicher: Ohne Liebe würden wir es nicht schaffen, denn die Liebe ist das, was den ganzen Scheiß zusammenhält.

»ES WIRD EIN JUNGE!«

Ich öffnete die Wohnungstür und legte den Schlüssel auf die Kommode.

»Schätzchen?«

Während ich die Tasche um die Ecke neben meine Schuhe stellte und gerade dabei war, meine Jacke auszuziehen, stand Tanja schon im Flur. Sie strahlte. Ihre Augen glänzten, ich sah ihre Wangenknochen kurz aufblitzen, dann nickte sie. Ich hielt inne und richtete mich auf, mein rechter Arm steckte noch im Ärmel. Sie nickte weiter, eine Träne lief über ihre Wange, und sie lachte. Ich sah sie an, begann ebenfalls ganz zart zu nicken, meine Arme breiteten sich aus, meine Beine liefen auf sie zu. Tanja zog den Test hinter ihrem Rücken hervor und sprang mir in die Arme. Eng umschlungen schluchzten wir vor Glück. Wir küssten und liebkosten uns, in purer Liebe für immer vereint, hockten wir im Flur neben den Schuhen, meine Hand fand ihren Bauch und schützte unser Baby.

Auch wenn wir oft darüber gesprochen hatten, auch wenn es täglich Millionen Paare auf der Erde erlebten, auch wenn es schon Milliarden Mal geschehen war, es fühlte sich an wie ein Wunder.

Plötzlich machte alles Sinn, und Tanja war noch schöner, als sie schon immer war.

Als ich sie vor drei Jahren das erste Mal gesehen hatte, wurde ich von ihrem Lachen, ihrer Anmut, überhaupt dem ganzen Wesen gefangen und konnte seitdem kaum fassen, dass ausgerechnet ich mit dieser Frau zusammen sein durfte. Und nun hockte sie mir in dem engen Flur halb auf einem umgeknickten Gummistiefel sitzend gegenüber mit unserem Kind im Bauch. Die Zeit war gerast und stehen geblieben, wir waren alles, die Welt drehte sich um uns. Nein, wir waren die Welt.

Wenige Stunden später kamen Freunde zum Essen. Tanja und ich konnten den Blick nicht voneinander lassen. Wir versuchten, unauffällig normale Konversation zu machen, hatten aber nur einen Gedanken und waren ausschließlich darum bemüht, eben diesen für uns zu behalten –, und das sollte auch noch für die nächsten Wochen so sein.

Ich schlief die ganze Nacht mit meiner Hand auf ihrem Bauch, und als ich erwachte, kamen die ersten Sorgen. Ich war sechsunddreißig Jahre alt und ab heute nicht mehr der Freund von Tanja, sondern Vater unseres Kindes. Zwar noch ein unerfahrener Anfänger-Vater, aber doch mit der vollen Verantwortung eines Familienoberhauptes. Erschrocken setzte ich mich auf und sah sie an.

Mir schossen plötzlich all die Geschichten von Frauen durch den Kopf, denen monatelang kotzübel war, von werdenden Eltern, die täglich zur Ultraschalluntersuchung oder Überwachung der Herztöne mussten, und selbst wenn bei uns alles gut aussah, würden wir mit der nie ganz zu verdrängenden Angst vor einer Fehlgeburt leben müssen. Ab sofort hatten wir etwas zu verlieren, und unser Wohlbefinden, unser Glück, ja unser ganzes weiteres Leben würde für alle Zeit von der winzigen Zelle abhängen, welche sich in Tanja unaufhaltsam teilte, und es galt, eine Balance zwischen Glück und Angst zu finden, um die kommenden neun Monate zu überstehen.

Ich gab ihr einen Kuss.

»Guten Morgen, mein Schatz.«

Ich hatte es noch nie so tief empfunden wie heute, sie war mein Schatz, mein Ein und Alles, sie war die Mutter unseres Kindes, und ich würde ihr mein ganzes Leben unendlich dankbar sein. Wir würden uns nie streiten oder getrennter Wege gehen.

Sie drehte sich genüsslich zu mir um, ich strich ihr eine Strähne aus dem Gesicht und küsste ihre Nasenspitze.

»Soll ich uns ein Frühstück machen?«

Tanja zog die Mundwinkel angewidert nach unten und schüttelte den Kopf.

»Noch nicht. Ich will erst duschen.«

Ich strich über unseren Bauch.

»Alles gut? Hat der oder die Kleine gut geschlafen?«

Tanja strahlte.

»Alles gut. Ich glaube, sie fühlt sich ganz wohl da drinnen.«

Ich sah sie an.

»Glaubst du, dass es ein Mädchen ist?«

Sie nahm meine Hand und küsste sie.

»Nein, das weiß ich nicht, und es ist mir ganz egal, Hauptsache es ist gesund. Ich meine sie, die Zelle.«

Ich holte frische Croissants von unserem Lieblingsbäcker und kaufte alle roten Rosen mit langen Stielen, die der asiatische Blumenladen hatte. Ich war Stammkunde, habe aber an diesem Morgen das erste Mal eine Spende auf den stets rauchenden Buddhatempel unterhalb der Kasse gelegt und mich unmerklich davor verbeugt.

Ich schnitt die Rosen an und stellte sie in unsere größte Vase auf den Boden neben den Frühstückstisch. Tanja kam in Jogginghose mit einem Handtuchturban um den Kopf gewickelt.

»Schatz, du musst bitte mal bei der Hausverwaltung anrufen, das Wasser stinkt ganz komisch.«

Ich legte das Messer ab und drehte den Wasserhahn auf. Es war nichts zu riechen.

»Überall oder nur im Bad?«

Sie öffnete den Kühlschrank.

»Beim Duschen roch es widerlich.«

Ich ging ins Bad und zog den Duschvorhang zurück, konnte aber auch dort nichts feststellen. Sie rief aus der Küche.

»Schatz, bitte sag jetzt nicht, du hast den Matjes weggeschmissen, den meine Mutter hier vergessen hatte?«

Und schlagartig war mir klar, dass die Klischees stimmten. Schwangere Frauen blühen auf, strahlen von innen und essen Gurken.

Im Laufe der folgenden Monate stellte sich heraus, dass zwar nicht alle Klischees stimmten, aber zumindest einige. Tanjas Bauch wurde spitz und nicht rund, und tatsächlich erwarteten wir einen Jungen. Wir gingen gemeinsam durch tausend Höhen und Tiefen, trafen uns mit Hebammen und besuchten Kreißsäle, lernten zu hecheln und zu pressen, verkauften meinen geliebten, alten Spider und hatten schon Wochen vor dem errechneten Termin einen dunkelblauen Kombi vor der Tür.

Und dann kam der Tag, an dem die Fruchtblase platzte. Wir wollten gerade den Tisch abräumen, als Tanja mich ansah, und ich wusste sofort, was die Stunde geschlagen hatte. Ich schnappte die gepackte Reisetasche, hakte Tanja unter und raste mit ihr in die Klinik. Tatsächlich ließ die Geburt dann doch noch erstaunlich lange auf sich warten. Ich tigerte im Kreißsaal auf und ab, die Hebamme war bei einer Geburt nebenan, versprach aber rechtzeitig zurück zu sein. Am liebsten hätte ich angefangen zu rauchen. Ich fühlte jeden

Atemzug mit Tanja, sie quälte sich und hatte Angst vor der Spritze, die ihr nahe ans Rückenmark gesetzt werden sollte. Nach drei Stunden stimmte sie dann doch einer PDA zu und quetschte mir auf dem Höhepunkt jeder Wehe die Hand derartig, dass ich nicht mehr wusste, wohin mit mir. Mein Herz bollerte, Tanja schwitzte, die Hebamme wollte immer mehr pressen und dann schrie es.

Die Sonne ging auf.

Wenn es eine Götterdämmerung gab, dann hier, in diesem orange erstrahlenden Zimmer. Ich war zutiefst ergriffen und gerührt. Das kleine Wesen lag bei Tanja ganz verschrumpelt und ruhig auf dem Bauch. Ich beugte mich zu ihm heran, konnte ihn durch den Schleier meiner Tränen kaum sehen und flüsterte über den Kloß in meinem Hals:

»Hallo Enno. Danke, dass du da bist. Du bist der tollste Mensch, den es gibt, und machst uns so glücklich. Wir werden immer für dich da sein. Immer und immer. Danke, du süßer, kleiner Fratz.«

Tanja lag ganz still, vollkommen erschöpft und beseelt, sie war eins mit sich und diesem zauberhaften, neuen Menschen. Es umgab uns eine fast greifbare Aura vollkommenen Glücks und tiefer Dankbarkeit.

»Wollen Sie oder soll ich?«

Die Hebamme stand mit einer Schere vor mir und deutete auf die Nabelschnur. Ich schreckte hoch.

»Entschuldigung, was soll ich bitte?«

»Wir müssen jetzt die Nabelschnur durchtrennen und gleich den ersten Test machen.«

Sie hob die dicke rotlila Kordel an und reichte mir die Schere.

»Hier, hinter der Klemme.«

Tanja sah mich an und nickte. Gemeinsam drückten wir die

Schere zu, dann nahm sie auch schon den kleinen Enno und legte ihn auf das Laken zwischen Tanjas Beine. Eine zweite Schwester schaute ins Zimmer.

»Apgar schon fertig?«

»Bin dabei. Acht Punkte im ersten.«

Tanja hob den Kopf.

»Ist alles gut mit dem Kleinen?«

Sie griff nach meiner Hand.

Die Hebamme machte ein paar Tests und legte Enno wieder hoch auf Tanjas Brust.

»Alles prima, Atmung, Reflexe, Muskeltonus, Hautfarbe, Herzschlag, perfekt! Jetzt hat er auch seine zehn Punkte. Alles gut! Ein prächtiger Bursche.«

Sie nahm ihre Sachen und zog die Tür leise hinter sich zu.

Und schwupps waren wir eine echte Familie.

»WIE OPA HERZBERG.«

Tanjas Mutter strahlte den kleinen Enno an.

Der Mensch, der meinem Leben einen völlig neuen Sinn gegeben hatte, der das Wertvollste auf der Erde war, unendlich süß, an dem ich immerzu riechen musste, weil ich noch nie so viel Liebe eingeatmet hatte wie an seinem kleinen Köpfchen, sollte aussehen wie der Uropa meiner Schwiegermutter?

Sicher nicht! Ganz im Gegenteil, er war wirklich niedlich, mit Abstand das hübscheste Baby, das ich je gesehen hatte.

Meine Mutter meinte, er ähnele besonders meinem Vater, und mein Vater sah in ihm eigentlich nur Onkel Horst.

Ich erkannte vor allem Tanjas Augen, zwar etwas verquollen, aber dafür tiefblau, wie ein klarer Bergsee. Einzig der etwas senioride Haarkranz erinnerte mich an unseren Postboten und machte mir Sorge. Nicht dass oben auf dem Kopf vielleicht gar keine Haare angelegt waren?

»Meinst du, oben wachsen auch noch welche?«

Ich strich dem Kleinen vorsichtig über den Bauch, während Tanja seine Beinchen hochhob, um die Windel zu wechseln.

»Na sicher, wir haben beide volles Haar, das kommt schon noch! Gib mir doch bitte mal die Creme aus der Schublade, ganz unten neben dem Beißring.«

Ich ging hinter Tanja um die Wickelkommode und reichte ihr die Dose. Sie machte einen Schritt zur Seite, um die Windel unter

Enno zu schieben, als dieser plötzlich stöhnte und eine Ladung gelben Brei in einem kräftigen Strahl halb auf mein T-Shirt, halb an die Wand schoss.

Noch vor wenigen Tagen hätte der Gedanke an Exkremente auf mir oder unserer Badezimmerwand Ekel und Abscheu ausgelöst, doch Ennos erfolgreiches Geschäft versetzte uns in Entzücken. Lachend beugten wir uns über den kleinen Fratz und gratulierten ihm.

»Ja toll, mein Schatz, ganz toll hast du das gemacht! Da müssen Mama und Papa gar nicht mehr warten und das Bäuchlein massieren. Gaaaanz toll, so ein großer Junge!«

Während Tanja dem Erleichterten einen kuscheligen Frotteestrampler überzog, holte ich ein neues Hemd, wischte die Wand und dachte an Konrad Lorenz, der den Begriff »Kindchenschema« geprägt hatte. Ganz offensichtlich funktionierte es bei Männern ebenso gut wie bei Frauen, und ein verhältnismäßig großer Kopf mit großen, runden Augen, einer kleinen Stupsnase, zarter Haut und einem ganz speziellen Geruch weckten in mir nie geahnte Instinkte. Negative Gedanken wurden durch die Gegenwart unseres Sohnes ausgelöscht oder im Keim erstickt, sein Geschrei klang nach einer höflichen Bitte um Hilfe, und auch ohne Schlaf waren wir rundum einfach nur glücklich.

Leider verflüchtigte sich das Gefühl, Teil dieser einfach schwerelos auf Wolke sieben schwebenden Ursuppe zu sein, nach einigen Wochen zusehends, und Tanja und ich wurden wieder zwei Individuen, welche die Welt und sich unterschiedlich wahrnahmen. Hatte sie das Gefühl, unser Sohn würde schwitzen, hielt ich ihn noch für zu dünn angezogen, wollte sie ihm einen Rhythmus beibringen, war ich der Überzeugung, Enno müsste essen oder schlafen, wann immer ihm danach war. Und wenn ich es okay fand, dass er auf einer Decke lag, wollte sie ihn lieber in den Wagen legen.

Der Schlafmangel begann, an uns zu zehren. Die dauernde Müdigkeit machte uns dünnhäutig.

»Ich kann nicht mehr. Bitte nimm du ihn heute Nacht, ich muss einfach mal durchschlafen.«

Tanja war so blass wie noch nie. Sie drückte mir den schreienden Enno im Schlafsack in die Arme und ging ins Bad.

»Aber wenn er Hunger hat, muss ich dich ja sowieso wecken …«

»Ich habe Milch abgepumpt – steht im Kühlschrank.«

Ich sah auf.

»Kann er denn schon aus der Flasche trinken?«

»Versuch es!«

»Und wenn er nicht will?«

»Dann bring es ihm bei.«

Tanja putzte sich die Zähne und schloss die Schlafzimmertür hinter sich.

Enno weinte. Ich nahm ihn etwas näher an mein Gesicht und versuchte, leicht zu schunkeln, aber er wollte sich nicht beruhigen. Ich sah in Richtung Schlafzimmer, doch die Tür blieb geschlossen. Statt zu schunkeln, begann ich, vorsichtig hoch- und runterzuruckeln, doch die neue Bewegung schien ihm noch weniger zu gefallen, sein Schreien wurde lauter und lauter. Also hielt ich still. Enno blinzelte mit einem Auge. Ich lächelte in der Annahme, ihn verstanden zu haben, schmiegte meine Wange an die seine und summte ganz leise an das winzige Ohr. Offenbar ein Missverständnis, denn er begann, fürchterlich zu brüllen.

»Was ist denn mein kleiner Schatz? Hm, tut dir was weh?«

Er schrie und brüllte weiter, als hätte ich ihn nicht gefragt. Ich atmete tief durch und hob den Blick. Die Schlafzimmertür bewegte sich nicht. Ich wippte ein wenig in den Knien und machte »Schtscht«-Geräusche, legte ihn auf die andere Schulter und drehte mich sachte hin und her.

Leider erfolglos, Enno brüllte wie am Spieß.

Dann fiel mir die Hebamme ein. Sie hatte uns den »Fliegergriff« empfohlen, bei dem das Baby auf dem Unterarm liegt wie ein schlafendes Faultier. Das sollte selbst in schwierigen Situationen Entspannung bringen. Und da es sich gerade zweifelsohne um eine schwierige Situation handelte, nahm ich Enno von der Schulter und versuchte, ihn bäuchlings auf meinen Unterarm zu legen. Doch da er seine Arme und Beine nicht wie geplant links und rechts von meinem Unterarm hängen ließ, sondern sich nach hinten warf, den ganzen Körper anspannte, mit den Beinen zuckte und überhaupt nichts von einem Faultier an sich hatte, wäre er um ein Haar runtergefallen. Geschockt fing ich ihn auf halbem Wege auf, war glücklich, ihn wieder sicher in Händen zu haben, drückte ihn an mich und lief adrenalindurchflutet und wippend um das Sofa im Kreis. Aber egal ob links oder rechts herum, mit großen Schritten oder tippelnd, Enno beruhigte sich nicht, war knallrot und sabberte wütend vor sich hin, als wäre ich ein Fremder und würde mich nicht um ihn bemühen.

»Hallo, mein großer kleiner Schatz, ist es nicht gemütlich so bei Papi? Willst du denn gar nicht mal schlafen?«

Da er weiter nicht reagierte, legte ich ihn wieder über die Schulter und klopfte vorsichtig auf dem Po herum, vielleicht wartete er ja auf ein Bäuerchen. Und tatsächlich wurde nach zwei weiteren Sofarunden meine linke Schulter ganz warm. Hinter mir plätscherte es. Ich platzierte mehrere Kissen auf dem Boden als Polster um den Sessel herum und legte Enno auf die Sitzfläche, um Zewa aus der Küche zu holen und das Hemd schnell auszuziehen und gegen ein sauberes zu tauschen. Dann wischte ich über das Parkett und Enno den Mund ab, nahm ihn wieder auf den Arm, legte ein Mulltuch unter sein Kinn und schaltete eine CD von Disneys *Mulan* an. Zur Musik schunkelnd wanderte ich endlos gähnend Achten durch das Wohnzimmer, bis er sich langsam beruhigte, ab und an leise wimmerte und am Ende des dritten Aktes endlich einschlief. Vorsichtig beugte ich mich zum Sofa und kuschelte uns beide unter Tanjas großes Halstuch.

Mulan lief wohl noch eine Weile, doch irgendwann war es still. Ich war mir nicht sicher, ob ich schlief, schon geschlafen hatte oder nur träumte, ich wäre wach. Alle paar Minuten legte ich die Hand auf Ennos Bauch, um zu fühlen, ob er atmete.

Das Sofa war unbequem, die Straßenlaterne taghell. Mir wurde kalt, das Kissen war zu hoch, das Sofa viel zu schmal und meine Hüfte tat weh. Plötzlich schreckte ich auf. Enno röchelte. Ich fühlte seinen Bauch, der ging zwar auf und ab, aber das konnte kein normales Atmen sein.

»Tanja!«

Ich sprang auf, legte einige Kissen vor das Sofa, rückte den Sessel mit seiner breiten Lehne als Barriere näher ran und lief ins Schlafzimmer.

»Tanja, komm mal, der klingt ganz komisch!«

Tanja schreckte auf.

»Was ist?«

Sie lief schlaftrunken drauflos, schien mich nicht zu sehen und war vor mir im Wohnzimmer.

»Guck mal, wie das klingt!«

Gleichzeitig stürzten wir an das Sofa, fühlten den Bauch, legten das Ohr an die Nase, ich machte das Licht an.

Tanja drehte sich panisch zu mir.

»Die Nase ist völlig zu, die müssen wir frei kriegen!«

Ich lief in die Küche und holte ein Taschentuch.

»Hier.«

Sie sah mich entgeistert an.

»Der kann doch noch nicht schnupfen! Das muss anders raus!«

»Ich weiß nicht, vielleicht gibt sich das ja wieder von alleine.«

Tanja schüttelte den Kopf.

»Ich habe so ein Geräusch noch nie gehört!«

»Ob das Schnarchen ist?«

Ich schloss die Augen, um besser hören zu können.

»Das kommt nicht aus dem Mund. Da blubbert was in der Nase.«

»Ich finde, das rasselt mehr, vielleicht sind die Bronchien dicht?«

»Von außen kann ja nichts reingekommen sein.«

Wir sahen uns hilflos an.

»Aber wie soll er sich in der letzten Stunde erkältet haben?«

»Wie soll ich das wissen, du warst doch bei ihm!«

»Da war nichts, er ist ganz normal eingeschlafen.«

»Aber so kriegt er ja keine Luft!«

»Was soll ich machen? Kann man das vielleicht irgendwie absaugen?«

»Womit denn?«

»Guck mal in die Nase!«

Ich sprang auf und holte die Taschenlampe aus dem Schränkchen im Flur. Gemeinsam versuchten wir, etwas zu erkennen.

»Das ist ja alles zu, gleich vorne und verkrustet.«

»Ein Schlauch? Haben wir nicht einen Schlauch oder eine Spritze mit einer großen Öffnung?«

Tanja nahm Enno auf den Arm und schaukelte ihn.

»Ich hab' keine Spritze!«

Ich ging in die Küche und öffnete alle Schubladen.

»Hier ist nichts!«

»Dann mach was anderes. Wir müssen es ja irgendwie rauskriegen!«

Ich lehnte mich in den Türrahmen und strich mir durch die Haare.

»Wenn es einfach ein normaler Schnupfen wäre, würde es ja aber auch fließen, oder nicht?«

»Was soll es denn sonst sein?«

Ich atmete tief durch.

»Ich weiß nicht. Es gibt ja richtig schlimme Verschleimungskrankheiten. Es muss ja etwas dagegen geben, auch für Babys. Ich fahr jetzt zur Notapotheke und hole was.«

Glücklicherweise hatten wir schon seit Wochen einen Notfallzettel am Küchenschrank. Hier waren die Telefonnummern für Brand, Vergiftungen und die Apothekennotdienste notiert.

Ich zog irgendeine Jacke aus dem Schrank, nahm den Autoschlüssel und lief die Treppe runter. Der Wagen sprang stotternd an und mit quietschendem Keilriemen raste ich über das nasse Kopfsteinpflaster. Es war 3.25 Uhr. Auf den Straßen war nicht viel los, ein Mann wankte zur Tankstelle, eine Frau wartete neben einem Baum auf ihren Hund. Ich überholte einen Müllwagen rechts, fuhr über zwei dunkelgelbe Ampeln und hielt direkt vor der Apotheke. Es war nicht zu erkennen, ob wirklich Licht brannte oder das Innere nur von der Straßenlaterne erhellt wurde. Ich klopfte energisch an das runde Fenster in der Glastür.

»Hallo!«

Ich pochte und schlug noch mal, dann ging ein Licht an, und ein Mann in Zivil öffnete die Luke.

»Ja, bitte?«

»Ich brauche was für unseren Sohn.«

Der Mann sah mich an.

»Ja?«

»Haben Sie was zum Absaugen?«

»Was hat denn Ihr Sohn?«

»Ich weiß es nicht, vielleicht Grippe oder Schnupfen, er kriegt auf jeden Fall keine Luft mehr!«

»Fieber?«

»Glaube ich nicht. Kann auch sein, aber haben Sie denn nichts zum Absaugen?«

»Wie alt ist denn der Sohn? Haben Sie schon Nasentropfen gegeben?«

»Acht Wochen. Ne, Tropfen noch nicht, da ist ja alles schon unten zu, da geht nichts rein.«

»Och, so ein Kleiner. Na, da kann so ein Schnupfen schon unangenehm sein. Ich gucke mal, es gibt so eine kleine Pumpe, die kann man zusammendrücken und durch den Unterdruck wird dann das Sekret abgesaugt.«

»Ja bitte, das brauche ich.«

Der Apotheker verschwand hinter einigen Regalen im Dunkeln. Ich sah mich um und auf die Uhr. Viertel vor vier. Eine Straßenbahn quietschte im Gleis. Dann kam er mit einer Pappschachtel und holte den kleinen Blasebalg heraus.

Ich griff nach meinem Portemonnaie und zog einen Zehneuro-schein hervor.

»Was kostet das?«

»Warten Sie, hier, vier Euro dreiundsechzig.«

Ich gab ihm den Schein, griff den Sauger und lief zum Auto. Er rief was von Wechselgeld, doch die Zeit hatte ich nicht.

Ich parkte den Wagen, rannte die Treppen hinauf und öffnete die Wohnungstür.

»Schatz? Wo seid ihr?«

Tanja saß über Enno gebeugt auf unserem Bett.

»Und – wie klingt es jetzt?«

»Wie vorhin. Ich dachte schon, er hätte Hunger, aber als ich ihn angelegt habe, hat er nur gestrampelt. Ging gar nicht.«

»Hier, der Absauger!«

Sie sah sich den Blasebalg an und gab ihn mir zurück.

»Spül bitte mal heiß ab.«

»Bakterien sind da wohl gerade die geringste Gefahr. Lass mich mal probieren! Ist denn inzwischen schon mal Schnodder rausge-kommen?«

Tanja verneinte.

»Ich weiß nicht, wie da noch was durchkommen soll!«

»Vielleicht müsste man auch erst mal Wasser von unten reinma-chen oder mit einem Lappen dran?«

Ich drückte den Balg zusammen und hielt die schmale Öffnung an meinen Finger. Die Tülle saugte sich sofort fest.

»Was das für ein doller Sog ist, kann man da was kaputt machen?«

Tanja sah mich mit großen Augen an.

»Nicht dass man da die ganze Schleimhaut mit rauszieht oder was von den Nebenhöhlen.«

»Bevor er keine Luft mehr kriegt. So kann es ja nicht bleiben. Versuch einfach, vorsichtig zu sein!«

Ich nahm den Sauger in die rechte Hand und hielt mit der linken Ennos Kopf, doch er drehte im Schlaf den Kopf zur Seite. So hatte ich keine Chance, die Tülle überhaupt in die Nähe der Nase zu bekommen.

»Dreh ihn mal zu mir und halt den Kopf.«

Tanja beugte sich über uns beide und bugsierte Enno in eine andere Position. Langsam näherte ich mich mit der Pumpe.

»Ins rechte oder linke Loch?«

»Egal, wo du besser rankommst.«

Sein linkes Nasenloch war weiter oben, ich drückte den Balg zusammen und näherte mich wie eine Katze auf der Pirsch, doch als ich gerade das Nasenloch erreicht hatte, drehte Enno den Kopf wieder abrupt zur Seite. Ich zog beide Hände zurück und setzte mich gerade auf.

»Mist. Der hat das gemerkt.«

Tanja guckte verzweifelt.

»Können wir es vielleicht mit Spray versuchen?«

Ich schüttelte den Kopf.

»Für so Kleine gibt's nur Tropfen. Da müssten wir ja genauso an das Loch kommen. Und das ist schon total dicht.«

»Hat man dir denn in der Apotheke nicht einen Tipp gegeben oder noch andere Sachen vorgeschlagen, die man machen kann?«

»Ne, nur Tropfen, aber ich dachte, die bringen sowieso nichts, wenn die Nase so doll zu ist.«

»Aber dafür sind die doch da?!«

»Es nützt jetzt ja nichts, bitte dreh ihn noch mal so, dass ich versuchen kann, an das andere Nasenloch zu kommen.«

»Wenn das nicht klappt, dann fährst du aber noch mal zur Apotheke und holst Spray. Dann sprühen wir eben von weiter weg!«

Ich atmete durch.

»Ja, aber jetzt probieren wir es erst noch mal zusammen so.«

Tanja rutschte langsam auf den Knien näher an unseren Sohn heran, schob ihre Hände unter seinen Körper und drehte ihn behutsam, bis sein Kopf wieder nach oben gerichtet war. Ich bewegte mich gleichzeitig mit dem bereits saugbereit zusammengedrückten Balg in der Hand immer näher an den Kopf heran. Es gelang mir, die Tülle an den Rand des Nasenloches zu führen, doch als ich die Hand öffnete und sich der Blasebalg pfeifend am Schnodder festsaugen wollte, riss Enno seinen Kopf nach hinten und nieste aus Leibeskräften. Wir schreckten zurück, er nieste wieder, ich versteckte den Balg hinter meinem Rücken, Tanja beugte sich vor und nahm den Kleinen hoch auf den Arm. Ich wischte ihm die Nase sauber, und dann atmete er ganz ruhig weiter, als sei nichts gewesen. Und die Nase war frei. Ich strich Tanja über den Kopf, sie strahlte mich an und kuschelte sich mit Enno auf meinen Schoß.

Ich sah aus dem Fenster. Es dämmerte, und ich schmunzelte.

Schon zum zweiten Mal waren es Exkremente, die uns glücklich machten, aber ich ahnte, dass es nicht immer so einfach sein würde und diese Nacht nur ein Vorgeschmack auf all die Sorgen und Aufregungen war, die wir in den kommenden Jahren noch vor uns hatten. Ich hoffte, es möge sich immer so glimpflich zum Guten wenden.

Da mein Rücken zu schmerzen begann, versuchte ich, mich etwas bequemer hinzusetzen und ein Kissen in mein Kreuz zu schieben, aber Tanja drehte sich im Schlaf und schmiegte sich mit Enno noch weiter in meinen Schoß, dass ich darauf verzichtete und meinen Arm auf ihre Schulter legte. Enno seufzte ganz zart und nuckelte an ihrer Nase. Er sah aus wie sie.

Und ich war das erste Mal in meinem Leben stolz. Stolz und glücklich, so eine tolle Frau und so einen tollen Sohn zu haben. Stolz, hier schief und verkrampft zu sitzen, um ihnen das Gefühl geben zu können, in Sicherheit zu sein.

»TU DOCH BITTE EINMAL DAS, WAS MAN DIR SAGT!«

Meine Frau las aus der Zeitung vor, wie die 42-jährige Kelly Perkins als erster Mensch nach einer Herztransplantation das über viertausend Meter hohe Matterhorn in zwölf Stunden erklommen hatte: »›Es ist herrlich. Ich war überrascht, wie gut ich das physisch durchgehalten habe. Ich fühlte mich stark‹, sagte die Amerikanerin nach der Rückkehr in ihr Hotel in Zermatt.«

Tanja legte den Artikel kraftlos beiseite.

»Ich bin erst einunddreißig und will mich nicht mit jemandem nach einer Herzoperation vergleichen, aber ich glaube, für mich wäre es fast genauso eine große Freude, einmal wieder alleine rausgehen zu können. Ich will nichts Besonderes, nicht klettern oder so, nur von niemandem begrabbelt oder ausgesaugt werden: Ich möchte einfach mal eine Stunde, ohne dass irgendjemand ›Mama‹ ruft. Einfach nur raus und bummeln. Ohne irgendwen. Und in Schaufenster gucken. Und übrigens: Ich kündige.«

Sie liebte ihre Arbeit, aber tatsächlich war der Gedanke nicht neu. Als sie ein gutes Jahr nach Ennos Geburt wieder schwanger geworden war, wurde die Belastung immer größer, und Tanja entschied sich, ihre Elternzeit doch voll in Anspruch zu nehmen. Um nicht mehr so viel weg zu sein, arbeitete auch ich seit ein paar Monaten ab und zu im Homeoffice. Und wenn wir während der Schwangerschaft noch gehofft hatten, ein zweites Kind liefe einfach so mit, wurden wir schon am Tag von Elfies Geburt eines Besseren belehrt.

Es fühlte sich sogar an, als hätten sich die Anforderungen verdrei-
facht. Enno war zwar sofort verliebt in seine kleine Schwester, aber
trotzdem eifersüchtig, die Windelberge verdoppelten sich, und wir
alle schliefen so gut wie gar nicht mehr.

Da mir der Frieden zu Hause inzwischen wichtiger war als die
Arbeit, nahm ich mir in der folgenden Woche einen Tag frei und
kümmerte mich nur um Enno und die sechs Monate alte Elfie, so
dass Tanja die gewünschte Zeit für sich hatte und ganz alleine und
in Ruhe durch die Stadt bummeln konnte. Erstaunlicherweise funktionierte alles bestens. Um ehrlich zu sein, erschien es mir sogar
viel einfacher, wenn ich alleine mit den beiden war. Enno, inzwischen zweieinhalb, konnte uns nicht gegeneinander ausspielen und
nölte nicht, Elfie beschäftigte sich stundenlang mit dem Mobile,
was Tanja ihr angeblich erfolglos versucht hatte, schmackhaft zu
machen. Als beide schliefen und gefühlt das erste Mal seit Wochen
Ruhe einkehrte, kam Tanja ganz aufgedreht zurück und redete wie
ein Wasserfall. Wie herrlich und unbeschwert sie durch die Straßen
geschlendert war und so lange vor Geschäften stehen geblieben war,
wie sie wollte. Wie sie sich dies und das und allen möglichen Krimskrams angesehen und die ungewohnte Freiheit genossen hatte.

Die Drogerie erschien ihr wie ein Kosmetikparadies. Sie hatte
Wimperntusche und Pflegecreme probiert, sich eine Fanta gegönnt
und in einer Broschüre über Fotoalben zum Selbstausdrucken ge-
blättert. Dann hatte sie Reiswaffeln, Windeln und Milchpulver
genommen, alles in den Einkaufswagen gelegt und war zur Kasse
gegangen. Sie hatte bezahlt und alle Einkäufe in ihrem Rucksack
verstaut. Als sie den Laden verlies, begann es zu nieseln.

»Und jetzt kommt's!«

Tanja lief durchs Wohnzimmer und spielte mir die Szene vor.

»Es nieselte mir ins Gesicht, und ich ließ mich einfach so treiben. Bin ganz gemütlich zu dem kleinen Café, um da dieses portugiesische Croissant mit Käse zu essen, und freute mich auf den köstlichen Cappuccino. Dann habe ich in einem Schaufenster eine superschöne Handtasche entdeckt und überlegt, ob der Kinderwagen da wohl durch die Gänge von dem Laden passen würde. Dabei haben sich aber irgendwie meine Augen auf die Spiegelung von dem Schaufenster scharf gestellt, und mir fiel schlagartig ein, dass die Kinder ja zu Hause geblieben waren und ich gar keinen Kinderwagen mithatte. Ich stand da mit dem leeren Einkaufswagen, den ich die ganze Zeit vor mir hergeschoben und geschuckelt hab! Oh Mann, war mir das peinlich! Glücklicherweise waren nur wenige Leute auf der Straße, und ich hab' den Wagen so schnell wie möglich zurück in die Drogerie gebracht!«

Bei dem Gedanken an die Geschichte musste ich noch Monate später lachen, als ich mit dem Kinderwagen im Babyzubehörladen stand und Elfie schuckelte, damit Tanja neue Hosen und ein Buch für Ennos dritten Geburtstag aussuchen konnte. Vor mir stand eine ganze Armada von Kinderwägen. Daneben ebenso viele Buggys mit gebogenen Griffen oder einer Lenkstange, mit Regenhaube in waagerechter Liegeposition, mit Schirm- und Getränkehalter. Ich war froh, vorläufig noch unser Modell für Elfie zu haben, da ich es hasste, Ennos Buggy auf- oder zuzuklappen.

Der Laden wimmelte von schwangeren Frauen und beseelt guckenden Pärchen, die offenbar ihr erstes Kind erwarteten und die gleichen, naiven Fragen stellten, die auch wir beim Kauf des ersten Kinderwagens gestellt hatten. Omas und Opas standen strahlend dahinter und staunten über die Wendigkeit, welche ihre Wagen, damals noch auf vier gleichhohen, harten und schmalen Reifen, längst nicht erreicht hätten. Sie wussten offenbar alle noch nicht, was in Kürze auf sie zukam. Wie sich das reine Glück erst unmerklich, dann aber unausweichlich mit Stress vermengen und die Nerven blanklegen würde.

Enno sauste auf einem Bobbycar durch die Gänge, hupte und jauchzte, als Tanja mit zwei Jeans und einer Tube in der Hand vor mir stand.

»Was waren denn das für Pickel heute auf Ennos Oberschenkel? Ich wollte da noch mal was drauf machen.«

Ich hörte Enno von überall, konnte ihn aber nicht sehen.

»Was hat er denn?«

»Na, lauter kleine Pickel.«

»Ja, dann muss Creme drauf.«

Tanja entdeckte Enno unter einem Kleiderständer und bat ihn eindringlich, das Gefährt zu parken. Wahrscheinlich hörte er gar nicht zu, jedenfalls kam sie ohne ihn zurück.

»Das war ja meine Frage, ob eher so etwas hier oder Fenistil? Die hätten wir sowieso zu Hause.«

Die Packung oben auf der Jeans sah nach Fettcreme aus. Ich zuckte die Schultern.

»Kommt doch auf die Pickel an, oder nicht?«

Tanja schaute sich nach Enno um.

»Deswegen habe ich ja gerade gefragt, ob du sie gesehen hast.«

Ich schuckelte weiter den Wagen.

»Nee, nicht bewusst.«

Tanja sprintete wieder zu Enno, der versuchte, das Plastikauto kopfüber auf einem anderen Bobbycar abzulegen, und dabei einen Schneeanzug nach dem anderen vom Bügel zog. Sie nahm ihm das

Rutschauto aus der Hand, stellte es auf den Boden, hielt ihn am Arm fest, friemelte die Anzüge auf ihre Bügel und kam zurück. Unterwegs band sie ihre offenen Haare zu einem Dutt, dann blieb sie vor mir stehen und atmete genervt aus.

»Dann guck dir doch bitte seine Haut mal an.«

Ich verstand nicht, warum ich noch gucken sollte, wenn sie die Pickel ja offenbar schon kannte.

»Kann ich machen, aber wenn du sie gesehen hast, kannst du doch auch die Creme draufschmieren. Ist ja nicht so kompliziert.«

Tanja rollte die Augen und legte die Creme auf das Dach vom Kinderwagen, doch sie rutschte auf den Boden. Ich hob sie auf.

»Vielleicht ist es aber auch eine Allergie, und dann bringt die Creme hier gegen trockene Haut ja nix, deswegen frage ich.«

»Wogegen soll er denn plötzlich allergisch sein?«

Tanja nahm die Tube wieder an sich und las das Kleingedruckte auf der Packung.

»Ich weiß es doch nicht, ich dachte nur, da er heute aus Versehen Kuhmilch gekriegt hat statt der Hafer …«

Ich sah nach unserem verschwundenen Sohn.

»Hat er sie denn auf die Hose geschüttet?«

»Nein. Hat auch keiner gesagt.«

»Dann kann es davon ja nicht sein.«

Tanja legte den Kopf schief.

»Wie willst du das denn wissen?«

Ich atmete tief durch und ließ meinen Blick durch den Laden schweifen, konnte Enno aber nicht sehen.

»Warum sollte er denn bitte einen Ausschlag am Bein kriegen, wenn er die Milch getrunken hat? Dann wäre es ja eher im Gesicht …«

Elfie räkelte sich und streckte einen Fuß über die Decke, welchen Tanja behutsam gleich wieder darunterschob und »Schtscht« machte.

»Was ist denn das für eine Logik?«

Ich zuppelte die Decke gerade.

»Juckt es denn?«

»Das musst du ihn fragen, ich glaube nicht, dass es aufgekratzt ist.«

Ich hörte draußen das Herannahen eines tief bobbernden Motorrads und sah aus dem Fenster.

»Dann ist doch kein Grund zur Panik.«

Tanja rümpfte die Nase.

»Hä, wieso?«

Die Maschine beschleunigte an uns vorbei, die Scheibe vibrierte, und mein Herz ging auf. Ich hatte mit meinen Kumpels jedes Jahr mindestens eine Tour gemacht, doch als Tanja schwanger war, musste ich ihr versprechen, das Moped stehen zu lassen, bis die Kinder achtzehn sind. Ich verstand zwar ihre Sorge und hielt mich daran, aber der Sound eines fetten *Milwaukee Eight-Motors* weckte jedes Mal eine verdammte Sehnsucht.

Als nichts mehr zu hören war und ich mich wieder zu Tanja drehte, stand Enno mit einer bunten Kette zwischen ihren Beinen und lies die Holzperlen hubschrauberartig am Band um seinen Arm kreisen, und mir schoss durch den Kopf, wie es noch vor kurzem war: Niemand wollte etwas von mir, ich arbeitete fröhlich vor mich hin, wir fühlten uns frisch und ausgeschlafen, waren entspannt und lustig, stritten uns nie und gingen gemeinsam aus. Tanja traf sich mal mit einer Freundin, und ich hatte sturmfreie Bude, an den Wochenenden schliefen wir bis mittags, wir guckten

Filme, schmusten, kuschelten und hatten Sex. Und zack, drei Jahre später: alles vorbei.

Ich schloss die Augen. So wollte ich nicht denken, und ich hatte es auch nicht absichtlich getan. Dann drehte ich mich zu Tanja, die offenbar noch auf eine Erklärung von mir wartete, und setzte nach:

»Alles und alle sind plötzlich allergisch, und jeder macht sich was weiß ich für einen Kopf, statt ganz normal zu essen und zu trinken, wie man es Tausende Jahre gemacht hat.«

Sie sah sich verständnislos um und legte die Hosen über einen nahen Kleiderständer. Dann befühlte sie die Stoffe der rosafarbenen Bodys im Regal daneben.

Enno ließ die Kette fallen und krabbelte unter einem Kleiderständer wieder sonst wohin.

Tanja strich mit der Hand über den obersten Anzug, dann drehte sie sich wieder zu mir.

»Das liegt doch aber an den ganzen Zusatzstoffen, Massentierhaltung und Pestiziden.«

Elfie quengelte im Schlaf und streckte den Fuß wieder raus.

Bitte nicht aufwachen, dachte ich und ruckelte den Wagen, so geschickt es nur irgendwie ging. Dabei wendete ich mich leise an Tanja. »Weißt du, wie verdreckt früher alles war? Wir haben inzwischen Kontrollen ohne Ende, aber wir Eltern machen uns heute alle total verrückt.«

Ohne auf mich zu reagieren, nahm sie den nächsten Strampler aus dem Regal und legte ihn über die Decke des Kinderwagens, um Elfies Größe besser abschätzen zu können.

»Ja, Sojamilch schmeckt ihm nicht, und die Hafermilch ist für Enno super.«

Ich schuckelte etwas schräger, um ein Aufwachen zu verhindern.

»Ich meine es ja auch prinzipiell. Man macht sich heute viel zu viele Gedanken. Wir sind auch ohne Schaden groß geworden.«

»Ja. Aber die Fehler von unseren Eltern müssen wir ja nicht wiederholen.«

Jetzt fing sie damit wieder an.

»Enno?«

Ich folgte ihrem Blick, konnte ihn aber auch nicht sehen. Und das schreiende Kind hinter den Wickelkommoden klang nicht wie er.

Ich drehte mich zu ihr.

»Bevor jetzt was gegen meine Eltern kommt, sage ich noch mal: Die haben nicht nur Fehler gemacht, sondern auch immer versucht, das Beste für uns zu tun.«

Tanja tauschte den Strampler auf der Decke gegen eine Nummer größer aus.

»Und deswegen hat dein Vater mit euch im Auto geraucht! Bitte guck doch mal nach ihm. Ich glaube, er ist da durch zu dem Spielzeugregal.«

Ich übergab den Kinderwagen und bückte mich unter den Kleiderständer. Da war aber keiner.

»Enno! Komm her, wo bist du denn?«

Ich zwängte mich zwischen Kleiderschränken und Anstellbettchen in den nächsten Gang. Enno hielt eine mit Wasser gefüllte Schüttelkugel in die Höhe.

»Papa, guck mal. Die will ich, ja?«

Ich hechtete auf ihn zu und nahm die Kugel aus seiner kleinen Hand.

»Oh, vorsichtig, mein Schatz, die geht ganz schnell kaputt. Schön stehen lassen, ja? Los, komm mit Papi!«

Ich streckte ihm die Hand entgegen, doch statt diese zu ergreifen, schmiss Enno sich auf den Boden und begann zu schreien.

»Kugel! Ich will die Kugel!«

Ich ging auf die Knie, versuchte, ihn hochzuheben, doch er ließ sich hängen wie ein Sack, trat nach mir und schrie:

»Kuuuugel!«

»Was machst du?« Tanja sah um die Ecke.

»Nichts. Er hat sich hingeschmissen, weil ich ihm die Kugel weggenommen habe.«

»Na dann gib sie ihm doch wieder.«

»Die war aus Glas!«

Ich beugte mich zu Enno, der sich auf der Seite liegend mit einem Bein im Kreis herumdrückte, mit dem anderen wild ruderte und immer wieder gegen das Tischbein trat.

»Enno, was soll denn das?«

»Na, junger Mann, da heißt es konsequent sein!«

Ein Opa stieg über uns hinweg. Ich sah zu ihm auf.

»Ja, ein einziger Machtkampf … «

Der Opa streckte seine Hand aus und half seiner Gattin über den strampelnden Enno hinweg.

»Ach was, der Junge will doch bloß Liebe.«

Sie tätschelte mir den Kopf.

»Mit Liebe geht alles.«

Ich nickte bitter.

»Ja, das machen wir schon«, erwiderte ich, so freundlich es ging, und drehte mich wieder zu unserem Sohn, der wie ein Verrückter um sich schlug und schrie: »Kugel!«

Ich riss mich zusammen und flüsterte so leise, aber auch so energisch wie ich konnte: »So mein Freund, das ist zu peinlich! Du bist ja schlimmer als ein Baby! Da benimmt sich ja deine Schwester schon besser. Komm auf meinen Arm, oder du bleibst hier liegen, und wir holen dich morgen ab, wenn du dich beruhigt hast.«

Doch da er nicht reagierte und ich die erste Schweißperle von meiner Stirn tropfen fühlte, ließ ich ihn liegen und ging.

»Bitte probier' du es, ich krieg es nicht hin. Bei mir hört er nicht.« Tanja drückte mir eine Hose in die Hand.

»Hier.«

Sie schnappte den strampelnden Enno ohne ein Wort vom Boden und nahm ihn auf den Arm.

»Die Kugel geht kaputt. Dann hast du aua. Das ist doch nicht so schwer zu verstehen.«

Dann kam sie zu mir.

»Ist sinnlos. Lass uns gehen.«

Enno hörte zwar auf zu treten, schrie aber weiter, wir entschuldigten uns bei den Leuten und versuchten, ihn zu ignorieren. Genervt zogen wir hintereinander her zur Kasse, bis Tanja an einem Regal stoppte und einen Schlafsack hochhielt. Das konnte nicht ihr Ernst sein.

»Den gleichen haben wir doch?«, versuchte ich, sie abzuhalten.

»Aber in Blau«, herrschte sie mich an und legte den Sack auf das Dach des Kinderwagens über die Creme.

»Aber in der Nacht sieht man den doch nicht, da kann Elfie doch auch Ennos alten anziehen?«

Sie schien mich nicht gehört zu haben und griff nach einem Nachtlicht. Ich nahm einen neuen Anlauf.

»Wir müssen doch jetzt auch nicht irgendetwas kaufen, nur um etwas zu kaufen, wenn wir es nicht brauchen.«

»Mach ich doch gar nicht. Ich suche nur was für den Weg zum Bad.«

»Da ist doch ein Schalter.«

Sie legte den Stecker zurück.

»Dann lass ich es eben. Aber es muss ja auch nicht immer alles nur nützlich und praktisch sein, manchmal will man ja auch was, weil es niedlich ist oder gemütlich macht. Dafür bringst du ja auch immer nur die Hälfte mit.«

Ich sah sie an. Obwohl wir uns nun schon sechs Jahre kannten, war mir doch manches ein Rätsel. Zum Beispiel, wo derartige Gedankensprünge herkamen. Ich fragte mich, ob es in der Frau an sich veranlagt war, ganz allgemein in der Spezies, oder ob nur meine Frau mitten im Gespräch abstruse Wendungen hervorzauberte, deren Ursprung sich einem ganz normalen Mann wie mir nicht offenbaren wollten. Schon gar nicht in einem Babysupermarkt mit schreiendem Kind auf dem Arm. Doch das verstummte mit einem Mal und hatte plötzlich einen Lolli im Mund. Tanja setzte ihn ab und durchstöberte seelenruhig eine durchsichtige Schale voller Pixibücher.

»Ich sage es dir immer wieder. Gestern zum Beispiel hatte ich dich gebeten, Mortadella mitzubringen. Hast du aber nicht.«

»Die stand nicht auf dem Zettel.«

Sie legte ein Buch beiseite und fischte ein neues heraus.

»Was du auf den Zettel schreibst, weiß ich nicht –, aber ich weiß, dass wir beim Frühstück darüber gesprochen haben … «

»Da hast du tausend Sachen gesagt, aber ich kaufe natürlich das, was auf der Liste steht, und nicht, was irgendwann mal beim Frühstück unter anderem angeblich gesagt wurde – wie soll man sich da im Laden dran erinnern?«

Sie blätterte weiter.

»Aber wie wäre es denn, wenn wir nächstes Mal über den Einkauf sprechen und du es dir gleich aufschreibst, wenn wir es sagen, dann erinnerst du dich auch im Laden.«

Ich nickte und setzte an zu antworten, doch da sprang Enno mir aus einem Hochbett in den Arm und wollte sofort weiter.

»Enno, halt! Mit einem Lolli wird nicht gelaufen und schon gar nicht gesprungen! Wo hast du den denn überhaupt her?«

Ich drehte mich zu Tanja.

»Wo hat er den denn her?«

Sie sah mich groß an.

»Von mir! Freu dich doch, dass er aufgehört hat zu schreien. Also, du wolltest mir aber was sagen?«

»Was? Ach so, ja, dann wäre es doch am besten, du gehst immer einkaufen, wenn du etwas Spezielles willst, dann kann ich nichts falsch machen und du hast, was du willst.«

Elfie hustete, und wir beide begannen gleichzeitig, den Wagen zu ruckeln. Tanja machte dazu noch »Schtscht«, dann kam sie mit dem Kopf wieder aus dem Kinderwagen hoch.

»Aber erstens war es ja gar nichts für mich, sondern für unseren Sohn, und als du gestern einkaufen warst, habe ich in der Zeit sein Bett neu bezogen. Wir können gerne nächstes Mal tauschen – wie du weißt, freue ich mich, auch mal rauszukommen.«

Ich sah sie an.

»Als ob ich das noch nie gemacht hätte.«

»Was?«

»Ich habe schon den Eindruck, dass wir uns eigentlich gut abwechseln, auch mit Windeln und Betten.«

Enno stolperte auf uns zu und hielt sich am Kinderwagen fest. Ich nahm ihn auf den Arm.

»Zum letzten Mal! Nimm den Lolli raus, wenn du läufst. Siehst du, so hast du beinahe aua gemacht!«

Enno streckte die Arme aus.

»Mama!«

Und schon hing er an ihrem Hals.

»Es würde uns sehr guttun, wenn wir ein bisschen flexibler wären und auch das kaufen, was wir brauchen, und nicht nur, was auf deinem Zettel steht.«

Ich zog die Augenbrauen hoch.

»Also das Fass würde ich jetzt an deiner Stelle nicht aufmachen.«

Elfie hustete wieder.

»Was?« Sie sah mich streitlustig an.

Ich schuckelte und versuchte, den Kinderwagen dabei in Richtung Ausgang zu bewegen.

»Wenn wir jetzt anfangen, uns darüber zu unterhalten, was wir wirklich brauchen und was wir so alles an abgelaufenen Sachen im Schrank haben … «

»Da komm ich jetzt nicht ganz mit, mein Schatz.«

Ich hasste es, wenn sie »mein Schatz« sagte, aber es in dem Moment gar nicht so meinte.

»Zum Beispiel den ganzen glutenfreien Kram, den deine Mutter angeschleppt hat, weil sie irgendwo gelesen hat, dass das ganze Weizenmehl heute vergiftet ist.«

Sie knallte die Hosen und die Creme auf den Kassentresen.

»Wer hat das gesagt?«

Die Kassiererin scannte, ich zückte mein Portemonnaie.

»Deine Mutter. Habe ich doch gerade gesagt.«

Tanja setzte Enno ab und holte eine Tragetasche unter dem Kinderwagen hervor.

»Wieso denn vergiftet?«

Ich gab ihr den Beleg und steckte die Börse wieder ein.

»Was weiß ich.«

Enno hielt Tanja eine CD vor die Nase.

»Nee, mein Schatz, hör erst mal die neue von Tante Helga.«

Sie steckte die CD zurück in die Box neben der Kasse.

»Sie hat vielleicht gesagt, dass das Mehl früher gesünder war als heute, weil man da nicht an jeder Tankstelle Brötchen kaufen konnte, sondern nur beim Bäcker, und da nicht die ganzen Zusatzstoffe drin waren, die einen krank machen.«

Enno zog eine andere CD heraus.

»Bitte, bitte, biiiiiitte!«

Dieses Mal nahm ich sie ihm aus der Hand.

»Wenn Mama nein sagt, ist es auch nein.«

Ich steckte die CD zurück und drehte mich wieder zu Tanja.

»Ja, und deshalb haben wir lauter Knäcke aus Kastanienmehl im Schrank, das kein Mensch isst.«

Sie nahm den immer noch schreienden Enno auf den Arm und ging zum Ausgang.

»Was ist an ›nein‹ nicht zu verstehen? Tu doch einmal, was man dir sagt! Und das Knäcke wird schon jemand essen.«

Ich folgte mit dem Kinderwagen.

»Ich nicht.«

Sie hielt mir die Tür missmutig auf.

»Ich weiß, mein Schatz.«

Es regnete immer doller, und Enno vergrub seine Hände unter Tanjas Bluse. Ich zog das Verdeck des Kinderwagens ganz nach unten und rief: »Dieser ganze Dinkelscheiß geht mir sowieso total auf die Nerven.«

Tanja marschierte durch die Pfützen auf unser Auto zu.

»Na, da kannst du dich gleich mal mit Mama drüber unterhalten, die backt jetzt alles aus Dinkel.«

Ich öffnete den Wagen mit der Fernbedienung. Elfie wachte auf und schrie.

»Na, das klingt ja verlockend – setz' bitte Enno schnell hin und dann nimm' Elfie aus dem Wagen, damit ich den zusammenklappen kann!«

Tanja öffnete die hintere Tür und bugsierte Enno auf den Kindersitz.

»Warte, ich bin kein Oktopus.«

Ich suchte den Drücker, um das Oberteil vom Fahrgestell des Wagens zu lösen, und zog an allem, was irgendwie beweglich aussah.

»Wo ist denn dieser bekloppte Schalter?«

Es donnerte. Ich öffnete den Kofferraum. Tanja sah mich über Ennos Sitz hinweg an.

»Ganz einfach unter dem Griff. Du musst nur ziehen.«

Ich friemelte weiter unter dem Griff und unserer immer noch schreienden Tochter am Wagen herum, fand aber keinen Knopf, der sich ziehen ließ.

»Zeig doch mal! Ich weiß nicht, was du mit Griff meinst. Man kann alles irgendwie anfassen bis auf das bescheuerte Netz, was sich andauernd irgendwo einklemmt, aber nichts bewegt sich. Hier ist nichts.«

Mir rann das Wasser in den Kragen, während Elfie alles daran setzte, sich puterrot zu schreien.

»Wo du dran ziehst. Oder schiebst. Das, woran du dich festhältst.«

Tanja kam triefend um den Wagen herum und nahm das Bettchen mit Elfie drin an den Griffen vom Gestell.

»Hä? Wo hast du jetzt gedrückt?«

Da sie nicht antwortete, hievte ich das halb zusammengefaltete Untergestell in den Kofferraum und schlug den Deckel zu.

»Wie kann man nur so bescheuerte Kinderwagen bauen!«

Vollkommen durchnässt setzte ich mich ins Auto und fingerte nach dem Gurt. Tanja stand noch immer im Regen und schnallte das Bettkörbchen hinter dem Fahrersitz an.

»Ich dachte, du findest den hier so gut und magst den Buggy nicht?«

Ich startete den Wagen.

»Alle 'ne Katastrophe.«

Endlich klickte es, und Tanja sprintete herum und sprang ins Auto. Der Scheibenwischer sauste von links nach rechts.

Ich fuhr los. Tanja deutete nach links.

»Halt, da geht's lang!«

Ich bremste.

»Wieso? Wohin denn?«

»Na, zu meinen Eltern.«

Als wären wir nicht schon gebeutelt genug. Das hatte ich vergessen. Oder verdrängt. Tanjas Eltern sammelten Antiquitäten. Da konnte man nur mit müden Kindern hin, die still auf dem Sofa sitzen blieben und Kuchen aßen oder im Schlafzimmer fernsehen durften.

Und damit war jetzt nicht zu rechnen. Elfie hatte stundenlang geschlafen und würde erst am Abend wieder müde werden, und Enno war wegen irgendwelcher Evaluationsgespräche heute nicht in der Kita gewesen. Und somit völlig unausgelastet.

Ich bog links ab und sah in der Ferne einen Blitz einschlagen.

Tanja drehte sich zu Enno.

»Guck, mein Schatz, Blitz und Donner. Das hat ganz schön doll gerumpelt, was? Und jetzt fahren wir zu Oma und Opa, da müsst ihr euch gut benehmen!«

Wehmütig sah ich in den Himmel. Die Chance, vom Blitz getroffen zu werden, lag in Deutschland angeblich nur bei eins zu 20 Millionen. Darauf konnte ich nicht hoffen. Aber vielleicht wenigstens mit ihrem Vater heimlich einen oder zwei kleine Brandys trinken.

»DANN MACHT IHR HIER GAR KEINEN LAMAFÜHRERSCHEIN?«

Da Tanja inzwischen ihren Job gekündigt hatte, war unsere Reisekasse zwar nicht ganz so gefüllt wie geplant, doch da die Tickets schon lange gebucht waren und wir für die Unterkunft nichts zahlen mussten, donnerten wir eines Tages mit fast tausend Kilometern pro Stunde über den Atlantik. Während Enno bei mir auf dem Schoß das erste Mal in seinem Leben Mickey-Mouse-Cartoons sehen durfte, hatte Elfie fast den ganzen Flug nach New York geschlafen.

Nach einer kurzen ersten Nacht in New Jersey gab es *Pancakes* mit Ahornsirup, die Kinder konnten nicht glauben, wie köstlich Frühstück in Amerika war, doch die Familie blies zum Aufbruch.

Tanja quetschte sich mit Elfie und Enno neben Melissa und deren Tochter auf die Rückbank, Ron drückte die Beifahrertür ins Schloss und schwang sich hinters Steuer. Für die kurze Strecke von *Hackensack* nach *River Edge* würde das schon gehen und da meine Frau ihre Schüleraustauschfreundin seit über 20 Jahren nicht gesehen hatte, waren sie viel zu aufgeregt, um sich Gedanken über Anschnallgurte und Kindersitze zu machen. Mein Englisch war nicht gerade berauschend, aber gut genug, um zu verstehen, dass wir unterwegs zu einem absoluten Highlight amerikanischer Entertainmentkultur waren.

Kaum hatte Ron den Wagen gestartet, beugte er sich mit strahlenden Augen zu mir rüber und schwärmte von *Chuck E. Cheese*, der käseliebenden Maus, welche als Vollwaise weder ihre Eltern noch ihren Geburtstag kannte, sich als Sänger in New York verdingte und dort den italienischen Koch Pasquale kennenlernte. Mit ihm gemeinsam eröffnete *Chuck* das erste *Pizza Time Theatre*, wo er dann Geburtstagspartys für Kinder veranstaltete, um so das Trauma seiner geburtstagslosen Vergangenheit zu überwinden.

»*What?*« Irgendwie kam ich doch nicht mit.

»Eine Maus soll der Besitzer sein?«

Ron lachte.

»*No, no, that is the background-story.* Eine ausgedachte Geschichte, *so to say,* die Legende hinter den Restaurants.« Irgendwann hatte ich es begriffen: Ein Mister Nolan Bushnell hatte sich das Konzept ausgedacht. Und daraus ein Imperium aufgebaut. Eine perfekte Mischung aus Restaurant mit einer Bühnenshow und Spielautomaten. Nach jahrelangen Rivalitäten mit *Showbiz Pizza* schlossen sich die beiden Franchiseunternehmen zusammen und wurden zum Inbegriff amerikanischen Pizzagenusses in Spielcasinoatmosphäre.

Die Stoßdämpfer versuchten gar nicht erst, den alten Toyota Corolla über die Schlaglöcher des gigantischen Betonparkplatzes hinwegzuheben. Melissas Tochter Victoria konnte es nicht erwarten auszusteigen und juchzte: »*Chucky, Chucky*«. Über dem Eingang prangte das Logo der Maus in einem gelben T-Shirt und erinnerte eher an einen Baumarkt oder eine Einkaufspassage als einen kindgerechten Ort für Geburtstagsfeiern. Ron kontrollierte alle Autotüren, und dann eilten wir hinter seiner kleinen Tochter her, die mit ausgestreckten Armen vor der Mutter weg auf den Eingang zu rannte.

Es muss Panzerglas gewesen sein. Auf dem Parkplatz herrschte völlige Stille, während mir hinter den Türen ein akustischer Cocktail aus blinkenden Ballwurfmaschinen, klimpernden Quartermünzen und kreischenden Kindern um die Ohren schwappte. Von einer überaus freundlichen Mitarbeiterin wurde uns der Weg zu einem mit lila Ballons und Konfetti dekorierten Tisch gewiesen, von welchem augenblicklich eine Mutter mit Baby aufsprang und Melissa herzte. Das Parfüm einer Freundin der Mutter verdrängte für einen Augenblick den Geruch von angebranntem Käse und Zucker, dann wurden wir auf die Stühle um den Tisch verteilt. Der ganze Raum stand voll mit bunt geschmückten Stühlen und Tischen, alles war voller Ballons, Torten und Gästen. Ich wusste nicht, wo unsere Gesellschaft aufhörte oder wer uns überhaupt eingeladen hatte, und hielt mich an Ron, während Tanja von Enno und Elfie umklammert hinter Melissa und der Mutter mit Baby von einer Kindertraube in den Nebenraum gezogen wurde.

Ich winkte in die Runde der verbliebenen Erwachsenen, formulierte gegen den Lärm ein gut lippenleserliches »Tim« und setzte mich. Eine strahlende Brooklyn stellte mir einen etwa drei Liter fassenden Colabecher voller Eiswürfel mit Strohhalm auf den Tisch und fragte, mit was ich meine Pizza möchte. Ich deutete auf Ron.

»I take the same as him.«

Brooklyn war begeistert und verschwand glücklich in die Küche. Ron beugte sich zu mir.

»Come on Tim, you got to see this.«

Er klopfte mir auf die Schulter und erhob sich.

In dem angrenzenden Raum sah es aus wie in einem Spielcasino auf dem Rummel. Es dingte und dongte aus allen Richtungen. Menschengruppen von Jung bis Alt scharten sich um verschiedene Slotmachines. Man konnte in den Apparaten Bälle in einen Basketballkorb werfen, Bowlingkugeln über eine Rampe in ein Loch schießen, mit Baggergreifarmen Puppen aus einem Haufen ziehen, Geldmünzen über einen Rand schieben oder versuchen, an einem einarmigen Banditen drei Bilder in der richtigen Reihenfolge aufblinken zu lassen. Enno und Elfie waren vollkommen überfordert. Sie rannten von einer Attraktion zur nächsten, winkten Tanja hinter sich her und versuchten, einen Blick auf die umlagerten Automaten zu erhaschen. Doch da sich ununterbrochen aus einer anderen Richtung Anfeuerungsrufe, Jubelschreie, ratternde Geldmünzen oder Fanfaren in den Vordergrund drängten, war es selbst für einen Erwachsenen ein unerklärliches Gewimmel aufgedrehter Kinder inmitten energiegeladener Männer.

Erst als Ron mir erklärte, dass neben der marshmellowartig aufgeblasenen Käsepizza das Erspielen von möglichst vielen Wertmarken an den Automaten die Hauptattraktion des Ladens sei, dämmerte mir, dass all die Väter mit Händen voll zusammengefalteter Papierschnipsel, die aussahen wie alte Kinotickets, nur ein Ziel verfolgten: den Hauptgewinn. Je mehr Punkte bei einer Attraktion gesammelt wurden, umso mehr Wertmarken spuckte das Gerät aus, und je mehr Marken man am Ende des Geburtstags in Händen hielt, desto größer war der Preis, den man bekam. Logischerweise drängten viele Väter ihre Kinder nach dem ersten missglückten Wurfversuch beiseite und nahmen das Sammeln der Marken in die eigenen Hände. Die Kleinen kamen erst wieder am Ausgang zum Zuge, wenn ihnen nach dem Einlösen der Coupons ein überdimensionales Stofftier in den Arm gedrückt wurde.

Gerade als ich Tanja und die Kinder wiederentdeckt hatte, begann im größten Saal, laute Musik zu spielen. Das ganze Restaurant, bis auf Enno und Elfie, fing augenblicklich an, wild zu kreischen, und alle Kinder rannten zur Bühne, wo eine lebensgroße Maus – anscheinend der legendäre *Chucky* – zwischen anderen Tieren ein

Geburtstagslied anstimmte. Die Fans der Beatles müssen ähnlich ekstatisch gewesen sein.

Während der Bassist sowie der Rest der Band offensichtlich von simplen Robotern dargestellt wurden, kam der als Maus verkleidete Mensch nach dem zweiten Lied von der Bühne und tanzte im Publikum zwischen den begeisterten Gästen. Selbst Enno und Elfie tauten jetzt auf und tanzten mit. Tanja wippte neben Melissa, und ich hörte, wie sie applaudierend zwischen zwei Liedern zu der Mutter mit Baby sagte:

»*Normally we like a lot Holzspielzeug.*«

Victoria war schon eingeschlafen, als wir vom Parkplatz rollten. Enno und Elfie drückten ihre Gesichter an die Scheibe, winkten ihrem neuen Freund *Chucky* zum Abschied und sangen seine Lieder bis nach *Hackensack*. Tanja und ich freuten uns zwar für die beiden, lächelten aber über die oberflächliche Bespaßung, welche absolut nichts mit uns und unserer Kultur zu tun hatte. Da setzten wir schon auf eine andere Form der Pädagogik und Nachhaltigkeit.

Wenige Wochen später stand Ennos fünfter Geburtstag vor der Tür.

»Schatz, was wollen wir denn dieses Jahr machen?«

»Na, vielleicht können sie etwas basteln, oder wir gehen in den Wald? Oder wir machen einfach wie letztes Mal ein paar Spiele zu Hause.«

Tanja schüttelte den Kopf.

»Es ist sein erster Geburtstag, den er richtig feiern soll, da kann er ruhig auch ein paar mehr Kinder einladen. Überleg doch mal, was du in seinem Alter so gut gefunden hast!«

Sofort sah ich den schwarzen Locher vor mir, den ich bei Franks Geburtstag bekommen hatte. Das war astrein gewesen. Jeder von uns hatte einen Bleistift mit Ratzefummel, ein kleines Büchlein zum Selber-Reinschreiben, eine Tüte Ahoj Brause, ein Nappo und diesen unglaublichen Locher in seiner Abschlussgeschenketüte gehabt. Ich habe ihn sogar heute noch, so ein guter Locher war das. Aber was wir damals sonst noch so gemacht hatten, wusste ich nicht mehr.

Nur meine eigenen Geburtstagsfeiern erinnerte ich. Meine Mutter legte traditionell eine Schnecke aus Streichhölzern auf dem Boden aus. Nach jedem dritten oder fünften Hölzchen kam eine kleine Süßigkeit. Es wurde reihum gewürfelt, und je nachdem welche Zahl man hatte, durfte man entsprechend viele Teile aus der Schnecke aufnehmen. Hatte man Pech, lagen fünf Streichhölzer hintereinander, und der Nächste bekam sogar mit einer gewürfelten eins eine Süßigkeit. Immer wieder versuchte meine Mutter zu erklären, dass auf den mutmaßlichen Verlierer mit den wenigsten Süßigkeiten am Ende aber (für die meisten Streichhölzer) die größte Überraschung wartete. Ich weiß nicht, ob nur ich es erst als Erwachsener verstanden habe, aber während der Geburtstage brachte mich jedes Streichholz in Rage, und ich unterstellte meinen Eltern Ungerechtigkeit, Bevorzugung der Gäste und blanke Willkür. Einmal musste ein Junge sogar von seinen Eltern abgeholt werden, weil er mir oder ich ihm im Streit ein Büschel Haare ausgerissen hatte.

Sackhüpfen hatte immer großen Spaß gemacht, aber ich ging davon aus, dass es heute sicher keine Kartoffelsäcke mehr gab, in der Stadt sowieso nicht. Topfschlagen mochte ich nicht, weil ich es als Kind hasste, von anderen Eltern mit verbundenen Augen im Kreis gedreht zu werden.

»Wann wollen wir Ennos Geburtstag denn überhaupt feiern? An dem echten Datum oder am Wochenende?«

Tanja sah auf den Kalender.

»Wir können doch mit der Familie eine Feier am 16. machen und mit den Kindern dann am Samstag.«

Ich sah erschrocken auf.

»Zweimal?«

Tanja kniff die Augen ein wenig zusammen.

»Ja. Dann können unsere Eltern in Ruhe kommen, und wir machen den Kindergeburtstag, wenn auch die anderen Eltern besser können.«

Das Wort Ruhe wäre mir beim Gedanken an eine solche Feier nicht in den Sinn gekommen.

»Aber warum müssen denn die anderen Eltern können? Ich denke, Enno lädt die Kinder ein?«

Tanja ging in die Küche.

»Ja, klar, aber an einem Samstag könnte man dann auch die Eltern fragen, ob sie vielleicht noch einen kleinen Prosecco mittrinken wollen, und es ist nicht so hektisch.«

Da es um den Geburtstag unseres Sohnes ging, sprach ich meine Gedanken nicht aus, aber ich fragte mich schon, ob ich wirklich der einzige Mensch auf Erden war, der es alles andere als gemütlich fand, wenn Eltern ihre Sprösslinge nicht einfach nur kurz und bündig abholten, sondern selbstverständlich die Schuhe an der Tür auszogen und gerne ein Glas Wasser oder, noch schlimmer, Bier oder Wein tranken, während ihr Kind sich in unserem Schlafzimmer im Schrank versteckte. Vielleicht mag es tatsächlich daran gelegen haben, dass es meist unter der Woche stattfand und ich abends gerne auch mal Feierabend und meine Frau nur für mich haben wollte.

Ihr Samstagsplan war zwar höchst altruistisch und ein Geschenk für alle anderen Eltern, die ihre Kinder ja bei uns nur abzugeben brauchten, um dann in Ruhe machen zu können, was immer sie wollten. Doch wir wären den ganzen Tag über damit beschäftigt, ihre Kinder in Schach zu halten, und würden dann beim Abholen nicht mit einem einzelnen Elternteil vielleicht noch ein Glas trinken, sondern hätten wohlmöglich mehrere Eltern gleichzeitig in der Wohnung. Aber da ich davon ausgehen musste, dass Tanja meine Sorgen nicht teilen würde, sagte ich nur:

»Na klar, dann machen wir es doch so.«

Sie freute sich und besorgte einen ganzen Schwarm Luftballons. Ich hängte Girlanden auf, und sie backte wunschgemäß einen mit Smarties gefüllten Vulkankuchen.

Am Geburtstagsmorgen war es wirklich rührend, wie stolz Enno die Kerzen ausblies. Seine Augen strahlten, und es war, als würde ich mich in ihm sehen. Er war zuckersüß zu seiner kleinen Schwester, die Großeltern verzichteten auf alle Erziehungstipps, und wir verbrachten wirklich einen schönen Tag im Kreise der Familie.

Doch dann kam der Samstag. Ich dachte mir eine Route durch den Vorgarten aus, beschrieb Zettelchen mit Aufgaben und legte Pfeile aus Sägespänen. Die Schatzsuche sollte 20 Minuten dauern, und Tanja wünschte sich, dass die Endstation mit der Schatztruhe direkt vor der Haustür ist. Wäre es nach mir gegangen, hätte ich die Kiste unter einem Baum versteckt, gerne auch im Sand oder sonst irgendwo, Hauptsache vom Haus weg. Doch um Tanjas Idee zu erfüllen, musste ich die Kinder in einem Kreis erst raus- und dann wieder zurücklotsen. Dabei gab es kein einziges gutes Versteck vor der Haustüre, alles stand voller Fahrräder, zu den Mülltonnen wollte ich natürlich auch nicht, und so blieb keine andere Möglichkeit, als die Kiste hinter den Stäben zum Lüftungsschacht zu deponieren und dann zu versuchen, die Kinder beim Verlassen des Hauses abzulenken, damit sie den Schatz nicht fanden, bevor die Suche überhaupt begonnen hatte. Tanja verstand die Problematik nicht, und die Stimmung war kurz vor Ankunft der ersten Gäste leicht angespannt. Doch wir nahmen uns in den Arm, und es kribbelte in meinem Bauch wie früher. Wie auf Stichwort klingelte es, als wir gerade ansetzten, uns zur Versöhnung zu küssen.

Ich schob unsere Hündin Bonnie, die inzwischen ein Jahr alt war, auf sich rumturnen ließ und jeden Krümel unter dem Tisch wegsaugte, aber leider nicht aufhörte zu bellen, wenn es klingelte, in die Küche, und Tanja drückte den Summer für unten und öffnete die Wohnungstür. Enno kam angeflitzt.

»Hallo Paul!«

Paul überreichte sein mit bunten Klebebändern umwickeltes Geschenk, zog die Schuhe aus und rannte hinter Enno her ins Kinderzimmer.

Seine Mutter blieb im Flur stehen und sah sich um.

»Schön habt ihr es hier.« Sie wickelte sich das Halstuch ab. Ich nickte und winkte beschäftigt aus der Ferne.

»Ja danke, wir gehen auch gleich mit den Kids raus, wenn alle da sind.«

»Magst du einen Kaffee?«

Tanja machte eine einladende Geste. Ich versuchte abzuwehren.

»Aber Schatz, da kommen gleich die Nächsten, und dann wollen wir ja auch schon die Schatzsuche machen.«

Tatsächlich klingelte es wieder. Bonnie kläffte, Enno und Paul sausten aus seinem Zimmer und schlidderten in einer Art Torjubel an der Mutter vorbei zur Tür.

»Leo, Leo!«, schrie Enno und klammerte sich an Tanjas Bein.

Paul haute seiner Mutter auf die Jacke.

»Geh doch, Mama, geh jetzt endlich!«

»Ja, mein Schatz. Lass mich eben noch mit Ennos Eltern besprechen, wann ich dich wo wieder abholen soll.«

»Auf der Einladung hatten wir gesagt, 16 Uhr. Und wenn du magst …«

Tanja sah zu mir rüber. Ich versuchte, nichtssagend zu gucken.

»… dann können wir ja nachher noch einen Prosecco trinken.«

»Ach so?« Jetzt sah die Mutter zu mir rüber.

»Ich dachte, ihr seid nachher woanders wegen dem Lamaführerschein …«

»Lamaführerschein?« Tanja sah mich groß an.

Ich winkte ab und rief:

»Machen wir nicht, wir machen doch die Schatzsuche und soweit ich weiß noch Stopptanz und so. Wir sind dann hier.«

Sie sah enttäuscht zu Tanja und strich dann Paul über den Kopf.

»Ach Pauli, dann macht ihr hier gar keinen Lamaführerschein, na das ist ja schade.«

Ein Mann mit Bart und gehäkelter Mütze lugte zur Tür herein.

»Hallo, ich bin Emmas Papa. Hier bin ich ja wohl richtig zu Ennos Geburtstag, stimmt's?«

Tanja streckte die Hand aus.

»Ja! Hi, ich bin die Mama, schön dass ihr da seid!«

Er rückte die Mütze zurecht und kam in roten Pumphosen um die Ecke. Seine Tochter war zwischen dem schlabberigen Stoff kaum zu sehen. Sie hielt sich an Aladins Bein fest und streckte eine Kokosnuss in Richtung Enno.

Tanja winkte das Geburtstagskind zu sich heran.

»Guck mein Schatz, nimm mal Emma das hier ab.«

Der Vater schloss die Augen und nickte.

»Ist ja Geburtstag, da hat Emma natürlich was mitgebracht. Hast du schon mal eine Kokosnuss gegessen?«

»Ja, Wahnsinn, toll!«

Tanja winkte weiter zu Enno.

»Guck, Schätzchen, Emma will dir ihr Geschenk geben.«

»Das weiß ich schon.«

Enno legte sich rücklings auf all unsere Schuhe und verschränkte die Arme.

»Ich wollte, dass Leo kommt.«

Tanja sah zu Emmas Vater auf und lächelte.

»Das tut er ja, mein Schatz, aber jetzt freuen wir uns erst mal, dass Emma da ist.«

Der Vater hob den Zeigefinger.

»*No waste!*«

»Leo wär mir lieber«, drehte sich Enno mit dem Gesicht zur Wand. Paul schlug seiner Mutter gegen das Bein.

»Aua, mein Schatz, was soll denn das?«

»Du sollst gehen!«

Die Mutter lächelte, friemelte ein zerknülltes Taschentuch hervor und schnäuzte sich zaghaft die Nase. Wäre sie meine Tochter gewesen, hätte ich gesagt, sie solle viel doller schnupfen, wie Oberst Hati aus dem Dschungelbuch, so lasch war sinnlos. Dann steckte sie das Tuch in den Ärmel und drehte sich am Pluderhosenvater vorbei ins Treppenhaus.

»Okay. Dann viel Spaß euch und bis nachher.«

Es klingelte wieder. Enno sprang auf. Bonnie kratzte an der Tür.

»Leo, Leo!« Paul zog Ennos Arm über seine Schulter und schleifte unseren Sohn zur Tür.

Emma hielt ihm die Kokosnuss hin, doch er beachtete sie nicht.

Tanja beugte sich zu ihr herunter.

»Das ist ja toll, wie lieb von dir, Emma, ich nehme sie mal und lege sie auf Ennos Gabentisch, dann kann er sie nachher in Ruhe ansehen.«

Der Vater schlug mit der flachen Hand leicht in den Türrahmen.

»Okay, ich pack's dann auch. Bis viere!«

Tanja erhob sich.

»Ja prima, bis später.«

Ich winkte aus der Ferne und nahm ihr die Kokosnuss ab.

Emma fing an zu weinen.

»Eigentlich sollte Papa hierbleiben.«

Tanja beugte sich wieder zu ihr runter.

»Wir machen gleich was ganz Tolles, und es gibt Kuchen. Hm?«

Was Emma antwortete, war nicht zu hören, da die beiden Jungs an der Tür »Leo, Leo« grölten, und anscheinend kam wohl tatsächlich der heiß ersehnte Leo zwischen ihnen hindurch direkt ins Wohnzimmer gestürzt.

Offenbar hatte er neue Schuhe mit rutschfesten Sohlen, zumindest ließ das erhabene Muster der Abdrücke extremen Gripp erkennen. Seine Eltern guckten zur Tür rein.

»Hallo, sind wir hier richtig?«

»Ja, schön, dass ihr da seid.«

Tanja nahm die Mutter in den Arm.

»Endlich mal.«

»Ja! Toll, du Liebe! Du, was ich vergessen habe, extra noch mal zu sagen, Leo darf keine Milchprodukte und kein Gluten, aber das wisst ihr wahrscheinlich eh noch von Enno aus der Kita.«

Tanja stockte.

»Das ist doch kein Problem, das durfte Enno auch lange nicht, aber jetzt hatte er sich eine Vulkantorte gewünscht, da ist natürlich beides drin, aber wir haben sicher noch Wurst, und sonst hat ja auch Emma so eine saftige Kokosnuss mitgebracht. Wir werden es ihm schon schön machen.«

Ich lehnte mich in den Türrahmen und hatte plötzlich einen Song von Rammstein im Ohr: »*We're all living in America / America is wunderbar …*«

Als alle Gäste da waren, begannen sie, sich in der ganzen Wohnung zu verteilen und Fangen zu spielen. Tanja stand mit an die Lippen gelegtem Zeigefinger in der Mitte des Wohnzimmers. Ihr Ruf: »Hallo, einmal alle herhören bitte!«, erreichte zwischen den Flitzern nur Emma unter dem Esstisch, welche zu Tanja auf den Arm kletterte, ihre Haare hochhob und etwas ins Ohr flüsterte.

»Enno, Paul, Leo, Peter, Elias, Ben! Kommt doch alle mal her!«

Und tatsächlich kam Enno mit einem Jungen im Schwitzkasten angerannt.

»Nur dass du es weißt Mama, der hier heißt Paddy, nicht Peter!«

Tanja strich unserem durchgeschwitzten Sohn über den Kopf.

»Na gut, dann sage ich ab sofort Paddy. So, was wollt ihr denn zuerst machen, Kuchen essen oder Geschenke auspacken?«

Dem Antwortgeschrei war eine Pattsituation zu entnehmen.

Ich stieß mich von der Wand ab.

»Schätzchen, wir können doch nicht fragen, was sie wollen, sondern müssen sagen, was gemacht wird …«

Enno brüllte.

»Ich will Geschenke auspacken!«

»Okay – dann setzen wir uns jetzt mal alle im Kreis, und das Geburtstagskind packt aus.«

Und tatsächlich stoben die Gäste auseinander, holten ihre Geschenke aus dem Jackenberg am Eingang und stürmten um die Wette auf Enno zu.

»Meins als Erstes, meins als Erstes!«

»Es ist zu laut!«, schrie Emma auf dem Arm.

»Wo ist denn überhaupt Elfie?«, drehte Tanja sich zu mir.

Ich fand unsere Tochter in einer Höhle aus Decken auf dem Sofa. Als ich meine Hand nach ihr ausstreckte, zog sie ein Kissen schützend vor die Brust und schob die Unterlippe vor.

»Ich will auch Geburtstag feiern.«

Tanja kam mit Emma und kniete sich hin.

»Aber mein Schätzchen, natürlich feierst du mit, und vielleicht kannst du ja auch was Schönes mit Emma machen?«

Doch Emma umklammerte Tanjas Hals und drehte sich weg.

»Ich will lieber nach Hause.«

»Das ist meine Mama!«, rief Elfie aus der Burg und schlug mit dem Kissen.

»Hallo«, versuchte ich, das Zepter in die Hand zu nehmen.

»Wir freuen uns mal alle, dass wir heute so schön Geburtstag feiern können, und Enno packt jetzt die Geschenke aus, dann machen wir eine Schatzsuche, und danach gibt es Kuchen. Und los!«

Da Emma sich nicht mit in den Kreis setzen wollte, kniete Tanja sich mit ihr in die zweite Reihe. Elfie umschlang meinen Hals, und wir beobachteten, wie ihr Bruder ein Geschenk nach dem anderen aufriss, es weglegte, ohne es anzugucken, und nach dem nächsten griff. Tanja machte an seiner Stelle »Oh« und »Ah« und rief: »Das ist ja toll!«

Als es nichts mehr auszupacken gab, rannte Enno an den Tisch und steckte sich eine Handvoll Smarties aus der Vulkantorte in den Mund. Ich setzte Elfie neben Tanja ab.

»Halt! Jetzt machen wir erst unsere Schatzsuche!«

Was für ein bedeutender Satz, dachte ich. In meiner Kindheit gab es kaum aufregendere Worte als diese.

Sobald sie auf einem Geburtstag erklangen, herrschte sofort gespannte Stille. Unser Puls schoss in die Höhe, jeder hatte Sorge, einen Wegweiser zu übersehen oder einen Hinweis zu verpassen und nicht unter den Ersten sein zu können, wenn es an das Ausgraben der mysteriösen Kiste ging. Ich hätte mir nie träumen lassen, eines Tages selbst ein Erwachsener zu sein und dieses Ereignis anzukündigen.

Doch anscheinend zog mein Ruf heute nicht.

»Langweilig!«, rief ein Junge.

»Können wir nicht ins *Jumphouse?* Trampolin springen, schwimmen oder so?«

»Oder kegeln! Das ist cool!«, riefen die verwöhnten Gören, und mir kam wieder Rammstein in den Sinn.

»Amerika, Amerika, Coca-Cola, Wonderbra.«

In der Hoffnung, ein voller Magen würde etwas Energie aus den Gästen saugen, ließen wir sie dann doch erst den Kuchen essen und machten anschließend die Schatzsuche.

Erstaunlicherweise verlief diese ganz glimpflich. Enno bemühte sich, meine Aufgaben interessiert zu lösen und so die Stimmung seiner Gäste auf einem erträglichen Niveau zu halten, nur leider machte uns Bonnie einen Strich durch die Rechnung, indem sie meine Schatztruhe hinter dem Gitter sofort erschnüffelte und bellend davor stehen blieb.

Zur Enttäuschung des neunmalklugen Paddy und seines Assistenten Ben bestand der Schatz nicht aus Gold und Schokolade, sondern nur aus angeblich wertlosen Edelsteinen und langweiligen Pixibüchern.

Beim anschließenden Stopptanz gab es nur zweimal Streit, weil Enno nicht gewackelt haben wollte und Elfie nicht Stopp sagen durfte, aber ansonsten ging der Rest der Veranstaltung erfreulich schnell über die Bühne –, bis die Eltern eintrudelten und sich an den versprochenen Prosecco erinnerten.

Erschreckenderweise gab das Erscheinen der Vorfahren den eigentlich müde gespielten Sprösslingen einen zweiten Atem. Paul entdeckte die Fernbedienung in der Sofaritze, Elias stellte fest, dass der Sessel viel besser hüpfte als bei ihm zu Hause, und ich fragte mich, bei wem unter diesen Umständen eigentlich die Erziehungsverantwortung lag. Ich sah mich fragend um, blickte aber nur in fröhliche Gesichter entspannter Eltern, die sich wohlig zurücklehnten. Sie hatten einen kinderfreien Tag hinter sich und genossen offensichtlich, diesen bei uns gemütlich ausklingen zu lassen. Den Lärm schien einzig und allein ich zu hören, niemand außer mir schien das affengehegeartige Tohuwabohu wahrzunehmen, und da anscheinend außer mir kein Elternteil einen Handlungsbedarf feststellte, ergriff ich die Initiative und versuchte unauffällig, jedem Kind einzeln klarzumachen, dass unsere Möbel nicht zum Klettern sind und man bei uns das Sofa nicht als Trampolin benutzte. Der Pluderhosenvater fragte nach Nüssen »oder vielleicht eine andere kleine Knabberei«, Tanja schmierte Schnittchen, und alle schienen vergessen zu haben, dass das Ende der Veranstaltung um 16 Uhr deutlich aus der Einladung hervorgegangen war. Mir lief der Schweiß, ich fuhr im Bad mit einem kalten Lappen durchs Gesicht.

»Chuck E. Cheese«, dachte ich.

Welch unerfahrene, dumme und selbstherrliche Attitüde hatte mich nur dazu verleitet, Chucky als oberflächlichen Quatsch abzutun? Man muss ja nicht gleich Amerikaner werden, aber ein bisschen abgucken könnten wir uns schon.

Zumindest was die Unterhaltung angeht.

Doch als ich aus dem Wohnzimmer hörte, wie toll Tanja angeblich die Idee vom filzigen Aladin fand, eine Kokosnuss als »Geschenk ohne jeden Müll« mitzubringen, beschloss ich, heute einfach still zu bleiben und meine Idee vom Auswandern noch ein Weilchen für mich zu behalten.

»SIEH ES ALS GANZ NORMALE FEIER.«

Von weitem schon sah ich die Cousine meiner Frau, schick in einem dunklen Kleid, daneben rauchte ihr Mann in einem Anzug mit Krawatte. Ich dachte, er hätte aufgehört, zumindest hatte er das beim letzten Treffen erzählt. Wobei ich überlegte, ob er es war oder der, den ich immer mit ihm verwechselte und dessen Name mir nie einfiel. Daneben lehnten schick gemachte Kinder an der Wand. Wahrscheinlich seine.

Vor der Kirche stand ein riesiger Kastanienbaum, in dessen Schatten sich zweireihig die Autos quetschten. Das dunkle Kopfsteinpflaster glänzte. Bis vor zwei Wochen hatte ich noch nie von der Tochter der anderen Cousine gehört, die heute konfirmiert werden sollte. Doch da Tanja mich ansah wie einen Abtrünnigen, der sein eigenes Blut verleugnete, waren wir natürlich hergefahren, um diesen besonderen Tag im Kreise der (wie ich fand, zu großzügig gezirkelten) Familie gebührend zu feiern.

»Du weißt, dass ich gegen Religion bin«, hatte ich versucht, wenigstens mich von der Reise auszuschließen, und auch angenommen, damit Gehör zu finden. Schließlich war es unsere gemeinsame Entscheidung gewesen, die Kinder nicht taufen zu lassen, und ich hatte Tanja von meinem Plan erzählt, mich schon bei Ennos Einschulung im kommenden Sommer dafür einzusetzen, dass zusätzlich zum Religionsunterricht das Fach »Ethik« angeboten werden solle. Aber ich konnte mich drehen und winden, wie ich wollte, den Rattenfänger von Hameln zitieren oder Marx' Argument vom »Opium fürs Volk« vorbringen. Die Kinder und ich wurden in Sippenhaft genommen und auch mein Vorschlag, den ersten Teil auszulassen und direkt nach dem Gottesdienst ins Restaurant zu kommen, wurde abgelehnt.

»Du weißt ganz genau, was es Tinka bedeutet«, hatte Tanja am Morgen über Elfies Bluse gebügelt und meine durchaus berechtigte Hoffnung geplättet, der Kelch möge an mir vorübergehen.

So parkte ich also unseren alten 5er BMW in drei Zügen halb auf dem Bordstein, umringt von aufgeregten Kindern in Lackschuhen mit winzigen Blumensträußen am Revers, und hoffte, wenigstens den einen oder anderen Erwachsenen wiederzuerkennen. Tanja fasste meine Hand aus Angst, mit dem Absatz zwischen den holprigen Pflastersteinen stecken zu bleiben.

Vor ein paar hundert Jahren waren Kutschen darübergefahren. Der Buchdruck wurde erfunden, Martin Luthers Thesen verbreiteten sich und spalteten die Kirche, ohne Gott an sich zu hinterfragen. Sicher hatte die alte Kastanie schon dagestanden und tatenlos zusehen müssen. Dann wurde sie eingepflastert, die Pferde wurden durch Autos ersetzt, wir hatten Handys und flogen ins All. Doch alles Wissen schien nicht zu helfen. Immer noch pilgerten Menschen unter ihr entlang in die kleine Kirche und glaubten.

Als Tanja den rettenden Bürgersteig erreichte, nahm sie Elfie auf den Arm, ich drehte mich noch mal zum Auto und drückte den Verriegelungsknopf des Schlüssels. Enno zog an meinem Sakko.

»Wo ist mein Fußball?«

»Im Kofferraum, den kannst du haben, wenn wir wieder aus der Kirche kommen, dann könnt ihr toben, okay, mein Schatz?«

Tanja strich ihm die Haare aus seinem Gesicht.

»Hast du ihm kein Gel reingemacht?«

»Wollte er nicht.«

Ich zog den Knoten meiner Krawatte gerade.

»Ich dachte, du hattest gesagt, du machst ihn fertig?«

Tanja hielt an, setzte Elfie ab und versuchte Enno einen Scheitel zu ziehen.

»Aua. Mann, Mama!«

»Er sieht doch gut aus und muss auch nicht auf die Bühne«, versuchte ich, ihm das Geziepe zu ersparen. Tanja sah von unten hoch.

»Es ist ein Gottesdienst, da kann man sich ja einmal ohne Trikot und Fußball ein bisschen schick machen.«

»Haben wir, mein Schatz, haben wir ja.«

»Ist das nicht der Pfarrer?«

Tanja stand auf und strich den Rock glatt.

»Keine Ahnung, ich war noch nie hier.«

»Doch, das muss er sein.«

Ich nahm Elfie auf den Arm und beugte mich mit ihr schräg zu meiner Frau.

»Ist das denn hier überhaupt evangelisch oder katholisch?«

»Konfirmation ist evangelisch – wenn es katholisch wäre, hieße es ja Kommunion.«

Sie griff nach meiner Hand. Mir wurde eng. Sie kannte mich und lächelte aufmunternd.

»Es ist einfach eine schöne Stunde, Tim. Sieh es als ganz normale Feier.«

Ich biss mir auf die Unterlippe und spürte, wie mein Puls stieg, je näher wir dem Eingang kamen.

»Ich kann das aber nicht«, flüsterte ich.

Tanja drückte kurz meine Hand und sah mich an.

»Du wirst ja wohl deiner Familie zuliebe eine Stunde stillsitzen können.«

Ich holte tief Luft.

»Ich will aber nicht ein System unterstützen, das ich ablehne.«

Es war mir zeit meines Lebens nicht möglich, über manche meiner Schatten zu springen. Und die Akzeptanz der Kirche gehörte dazu. Ich konnte nicht verstehen, warum Menschen sich aufgrund ihres Glaubens noch heute gegenseitig umbrachten, unterdrückten, ausbeuten und erniedrigen ließen. Ich sah in der Verbannung jeglicher Religion aus dem öffentlichen Leben die ultimative Grundvoraussetzung für Weltfrieden, und es war mir schleierhaft, wie manche Leute zur Hochzeit und an Weihnachten alle Vorbehalte gegen die Kirche über Bord warfen, um die Romantik des Gebäudes nutzen zu können.

Tanja ließ mich los und winkte ihrer Schwester.

»Keiner erwartet eine Unterstützung von irgendwas, wir feiern einen besonderen Tag für Tinka, und ich würde mich sehr freuen, wenn du das einfach mitmachst.«

Ohne mich anzusehen oder eine Antwort zu erwarten, tippelte sie mit ihren *High Heels* auf Helga zu und drückte sie. Neben Helga standen zwei Frauen, die sich anscheinend wahnsinnig freuten, Tanja zu sehen, und auch mir zuwinkten. Elfie waren die beiden ebenso fremd wie mir, sie klammerte sich an meinen Hals. Ich hielt mich an ihr fest und versuchte ein erfreutes Lächeln.

»Na, ihr drei, auch alle so schick?«

»Du siehst aber auch fesch aus, in dem Anzug.«

Helga nahm mich in den Arm und gab der Kleinen einen Kuss.

»Na, Schnecke.«

Elfie wischte sich über die Wange und schlang ihre Arme noch fester um mich.

Tanja strich ihr über den Kopf.

»Sag doch Tante Helga richtig hallo, mein Schatz.«

»Ich will was trinken«, flüsterte Elfie mir ins Ohr.

»Gleich, da gibt es sicher was.«

Sie stieß mir mit dem Fuß in die Hüfte.

»Ich hab' aber Durst.«

»Aua, warte doch, ich frage Mama.«

Doch Tanja hatte nichts dabei und machte auch nicht den Eindruck, jetzt die Runde der Damen um ihre Schwester verlassen und etwas organisieren zu wollen. Ich sah mich um. Vor der Kirche standen viele Menschen und rauchten, in dem ersten Raum lagen Zettel auf einem Tisch. Es roch muffig. Ein Kiosk war nicht zu sehen.

Elfie schlenkerte wieder mit den Beinen und ruckelte energisch mit dem Oberkörper.

»Ich hab' Durst! Hab' – ich – gesagt!«

»Ja, mein Schatz, ich suche was, aber hör auf, mich zu treten, sonst setz ich dich runter.«

Hilfesuchend sah ich mich um. In der hinteren Gruppe entdeckte ich meinen Sohn, der gerade einen anderen Jungen am Schlips abführte.

»Enno, komm bitte mal.«

Netterweise kam er tatsächlich.

»Schätzchen, hast du für deine Schwester etwas zu trinken?«

»Nee«, er wuschelte sich den Scheitel aus den Haaren und sah den rennenden Kindern hinterher. Ich hielt ihn am Arm.

»Hier müssen doch auch eure Cousins sein, weißt du, Pete und der andere, wie heißt noch der zweite Sohn von Mamas Schwester?«

»Meinst du Niko?«

»Ja, genau.«

»Hab' ich nicht gesehen.«

»Willst du die vielleicht mal suchen und fragen, ob einer was zu trinken hat?«

Enno drehte sich um.

»Wenn du meinst.« Er rannte den anderen hinterher.

Ich versuchte, mit Elfie auf dem Arm wieder hochzukommen, meine Knie wollten aber nicht. Ich setzte sie kurz ab, streckte meine Beine durch und hob sie wieder auf.

»Siehst du, dein Bruder holt dir was.«

Als ich wieder gerade stand, legte sich eine Hand auf meine Schulter.

»Hey Tim, schön dass ihr es geschafft habt.«

»Ulf«, schoss mir durch den Kopf, der Mann der Schwester meiner Frau, mein Schwager. Mit ihm hatte ich schon oft geredet. Ein Lichtblick.

»Na, alles gut bei euch?«

»Alles bestens.« Er sah sich um.

»Was meinst du denn, wie lange das Programm hier geht?«, fragte ich.

»Der Gottesdienst? Sicher eine Stunde, eher länger, das sind ja zig Kinder.«

»Ach, noch andere? Ich dachte, nur Tinka wird konfirmiert ...«

»Ja, aber der ganze Jahrgang, die sind doch hier alle aus ihrem Konfiunterricht.«

»Ach, also ist das gar nicht alles Familie?«

»Schreck lass nach, nein«, lachte Ulf und sah auf die Uhr.

»Komm, lass uns reingehen.«

Ich sah mich nach Tanja um, sie löste sich gerade von der Traube um die beiden fröhlichen Frauen mit den zu hohen Stimmen und rief Enno. Als sie zu uns aufgeschlossen hatte, gingen wir gemeinsam durch den muffigen Vorraum in die Kirche.

Mir war kalt. Tanja steuerte mit Enno auf eine freie Reihe im vorderen Drittel links vom Altar zu. Sie sah mich stumm an und bedeutete uns zu folgen. Mein Puls begann wieder zu steigen, ich setzte Elfie auf den Boden. Sie rannte zu ihrer Mutter.

»Ich sitze neben Mama.«

Auf der Bank lagen Liedertexte, die vorderen Reihen wurden frei gehalten. Als alle Familien, Verwandten, Omas, Opas und Bekannten saßen, setzte Orgelmusik ein. Ich versuchte, mich zu wehren, nicht auf den Leim zu gehen, doch auch mir drängte sich ein andächtiges Gefühl auf, ich bekam einen Kloß im Hals und schüttelte den Kopf.

Wie geschickt die sind, dachte ich.

Tanja sah zu mir rüber, nickte lächelnd und griff um unsere beiden Kinder herum nach meiner Hand. Ich hatte mir geschworen, nie wieder in eine Kirche zu gehen, jetzt saß ich da und sah aus wie einer, der dazugehört.

»Danke«, flüsterte Tanja und lächelte mich an. Ich nickte ihr zu, und sie wies mit dem Finger auf die Konfirmandenkinder, die zur Musik strahlend auf ihre Plätze einmarschierten.

Als alle Platz genommen hatten, verstummte die Orgel, und der Pfarrer betrat andächtig die Bühne. Er sprach die Kinder an, erzählte von dem Weg, den sie gegangen seien, von ihrem Einsatz im Unterricht und dem besonderen Tag, heute, an dem sie nun in die christliche Gemeinde aufgenommen würden. Zwischendurch wurde gesungen. Tanja gab mir ein Blatt mit den Texten, doch ich legte es demonstrativ ab. Sie sah nach vorne, sang extra laut und drückte dabei Elfie an sich.

Enno fragte: »Wie lange dauert das?«

Ich zuckte mit den Schultern und sah vorsichtig auf die Uhr.

Und dann geschah es.

Der Pfarrer bat die versammelte Gemeinde aufzustehen, um das Glaubensbekenntnis abzulegen.

Das war der Programmpunkt, den ich gefürchtet hatte.

Mein Herz schlug bis zum Hals. Alle erhoben sich. Nur ich blieb sitzen. Ich wollte niemandem etwas kaputtmachen, aber ich konnte einfach nicht aufstehen.

Alles verdunkelte sich, ich sah nur Rücken in Mänteln, umdrehen mochte ich mich nicht. Die Gemeinde murmelte, es war Nacht um mich, mein Puls rauschte in den Ohren. Vorsichtig sah ich an meinen Kindern vorbei zu Tanja. Schwer zu sagen, ob es Wut war, Verachtung oder die Aufforderung zum sofortigen Aufstehen, was ihre Augen weitete, auf jeden Fall waren sie riesig.

Die Stimmen verebbten nach einem »Amen«, raschelnd setzte sich die Menge, und es wurde wieder hell.

Nach den Fürbitten wurden wir erneut aufgefordert, uns für ein Gebet zu erheben. Ich blieb wieder sitzen, und zu meinem Erstaunen war ich nicht mehr der Einzige. Über den Gang, in der Reihe neben uns und eine Reihe dahinter blieben ein Mann und eine jüngere Frau ebenfalls sitzen und sahen stumm nach vorne. Ich lächelte.

»Papa, hinstellen«, flüsterte Enno.

Ich schüttelte den Kopf.

»Muss man nicht.«

Er nickte energisch.

»Doch.«

»Nein. Nur wer will.«

»Warum willst du nicht?«

Ich legte den Arm um seine Schulter und zog ihn etwas näher.

»Weil ich nicht glaube, dass es richtig ist«, flüsterte ich.

Er riss die Augen auf wie seine Mutter und gestikulierte stumm, aber wild.

»Aufstehen macht doch nichts«, zischte Enno zurück.

»Nein, aufstehen macht nichts, aber hier soll es ein Zeichen sein. Und da mache ich ein anderes Zeichen, durch sitzen bleiben.«

Seine Augen wurden zu Schlitzen.

»Wenn der Trainer sagt, alle sollen eine Übung machen, dann machst du sie einfach nicht, oder was?«

Ich flüsterte ihm ins Ohr.

»Manchmal ist es besser, nicht zu machen, was die anderen von einem wollen.«

Enno schüttelte den Kopf und sah mich an wie mein Vater.

Es folgte noch ein Gebet, bei dem alle sitzen bleiben durften und ich meine Hände sehr deutlich nicht faltete, sondern die eine auf das Knie meines Sohnes legte und mich mit der anderen bis zum »Amen« am Hals kratzte.

Und dann war es vorbei.

Alle standen auf und strömten nach draußen.

Ins Warme. Ins Licht. In die Freiheit.

Tanja strich mir über den Rücken, sagte »Na, mein Schatz« und lächelte mich an. Ich lächelte stolz zurück. Schließlich hatte ich mindestens zwei andere Menschen ermutigt, für sich einzustehen und zu zeigen, dass sie nicht dazugehörten.

Auch wenn ich wusste, dass Tanja mein Benehmen blöd fand.

Und als ich jetzt so ihre Hand auf meinem Rücken spürte, fühlte ich mich sehr wohl. Ich bewunderte meine Frau für ihre Fähigkeit, sich anzupassen. Sie konnte mit allen Menschen und war in der Lage, sich zurückzunehmen und alles Mögliche mitzumachen, nur damit es andere schön hatten. Was sie dabei dachte oder empfand, behielt sie für sich. Wenn ich mir doch nur eine kleine Scheibe von ihr abschneiden könnte, dachte ich.

Doch dann sah ich sie an und wusste, dass ich mir nichts abzuschneiden brauchte.

»WARUM DARF DER DAS UND WIR NICHT?«

Mit weit aufgerissenem Mund und herausgestreckter Zunge lehnte das Kind am Nachbartisch unter dem von seiner Gabel herabhängenden Spiegelei. Die Zinken steckten im Eiweiß, der Dotter blieb fest verschlossen in seinem Sack und pendelte mit jedem Schnappversuch des Kindes hin und her. Die Zunge umkreiste die angebrannte Unterseite, ohne Halt zu finden, die Haare hingen im Ketchup. Tanja flüsterte:

»Seht ihr, wie ekelig das ist? Und das ist nicht nur hier im Hotel verboten, sondern auch zu Hause und ganz besonders, wenn man irgendwo zu Besuch ist.«

Elfie ließ das Kind nicht aus den Augen und genoss ihr Croissant mit Nutella. Enno verzog das Gesicht und drehte sich zu uns.

»Das mache ich nie. Auch nicht schmatzen, wie der Mann am Flughafen mit den Pommes.«

»Ja genau, das war ganz ekelig, da hast du recht.«

Tanja putzte ihm den Mund ab und legte die Serviette neben ihre Kaffeetasse.

Enno wischte mit dem Ärmel hinterher.

»Kann ich Kakao?«

»Darf ich bitte einen Kakao«, verbesserte Tanja.

»Ich will auch!«

Plötzlich war Elfie wieder hellwach bei uns. Ich sah mich nach einem Kellner um.

»Ich möchte, heißt das. Wir müssen fragen, ob die hier so was haben.«

Der Frühstücksraum war voll belegt, es roch nach Sonnencreme und Bacon. Dem Jungen am Nachbartisch war es anscheinend gelungen, das hängende Spiegelei zu verschlingen, zumindest klebte gelber Dotter am Kinn. Die Eltern schienen ihre Kinder nicht wahrzunehmen, vielleicht versperrten aber auch die überfüllten Teller den Blick. Das reglose Mädchen im Kinderwagen neben dem Eiverschmierten starrte offenbar seit Stunden auf ihr iPad, das Bananenstück in der ausgestreckten Hand war jedenfalls braun. Als mich ein vorbeieilender Kellner ansah, nickte ich ihm zu und hob den Zeigefinger.

»Entschuldigung?«

Er schwenkte das Tablett in unsere Richtung.

»Ja, bitte?«

»Haben Sie Kakao?«

»*Si.*«

»Okay.« Ich zeigte auf unsere Kinder.

»*Dos, por favor.*«

Der Kellner nickte und beugte sich zu den beiden.

»Wie alt seid Ihr denn?«

Enno sah zu Tanja.

»Ich bin sieben und meine Schwester fünf.«

Tanja zeigte auf den Kellner.

»Angucken, wenn du mit jemandem sprichst.«

»Na, dann mach ich euch mal eine große Portion Sahne, was?«, sagte der freundliche Spanier, mein »*Gracias*« verpuffte in seinem Rücken, als er in der hungrigen Traube am Buffet verschwand.

»Papa, der Mann hat doch deutsch gesprochen.«

Ich schenkte uns Kaffee nach.

»Ja, weil er höflich ist, hat er mit uns deutsch gesprochen, und weil ich höflich bin, habe ich mich in seiner Sprache bedankt.«

Enno spießte einen *Pancake* auf seine Gabel, zog ihn durch das Apfelmus und biss eine Ecke ab.

»Schätzchen, nimm bitte das Messer.«

Tanja drückte ihm das Besteck in die Hand.

»Kannst du es mir nicht durchschneiden?«

Tanja legte ihm das Messer in die rechte und die Gabel in die linke Hand.

»Das kann ich natürlich, aber ich möchte, dass du es langsam selber lernst. Du willst doch nicht eines Tages so dasitzen wie der Junge da mit dem Ei.«

Ich sah ihn aufmunternd an.

»Da hat Mami recht. Deswegen sagen wir auch bei jedem Essen hundertmal, bitte leg die linke Hand auch auf den Tisch, gerade sitzen und so weiter. Manieren sind ganz wichtig.«

Enno drückte und zerrte den *Pancake* in zwei Hälften.

»So?«

»Fast, aber das war schon ein guter Versuch.«

Tanja zerteilte den Rest und legte das Messer an den Tellerrand.

Enno pikste drei Stückchen auf seine Gabel.

»Aber Onkel Peter hat auch nie die Hand auf dem Tisch, und da sagt ihr nichts.«

»Nicht mit vollem Mund, mein Schatz. Aber du hast recht, Onkel Peter hat beim Essen die linke Hand unter dem Tisch, weil er lange in England gelebt hat, da macht man das anders.«

Der Kellner brachte zwei Kakao mit Sahnehaube und Pulver obendrauf.

»*Aquí tienes!*«

Die Kinder strahlten. Tanja beugte sich zu Enno.

»Sagst du danke?«

Der Kellner strich ihm über den Kopf.

»Alles gut. Passt auf, vielleicht ein bisschen heiß.«

Er nickte in die Runde und eilte davon.

Enno wischte sich mit der Hand über die Haare.

»Der soll mich nicht anfassen.«

Tanja nahm Elfie den Löffel aus der Hand.

»Schätzchen, lass die Sahne bitte drauf, das gibt sonst eine Riesensauerei.«

Ich beugte mich über den Tisch und löffelte die Sahne von Elfies Tasse.

»So, jetzt wird's schneller kalt.«

Elfie deutete auf den Nachbartisch, wo der Junge mit seinem Strohhalm Blasen in den Saft blubberte.

»Ich will auch einen Strohhalm, Mama.«

»Ich möchte«, verbesserte Tanja und beugte sich zu den Kindern.

»Aber ihr hört ja, wie laut das für die anderen Gäste ist, das macht man in einem Restaurant lieber nicht.«

Enno schlürfte vorsichtig an der Oberfläche seiner Tasse.

»Und warum darf er das und wir nicht?«

»Nicht schlürfen, mein Schatz.«

Ich senkte die Stimme.

»Weil wir es wichtig finden, dass man gewisse Regeln lernt, wie man sich benimmt. Das ist vor allem wichtig, wenn man groß ist. Wenn man dann keine Manieren hat, ist das sehr unangenehm, und man kann sich dann ganz schön selbst im Wege stehen.«

»Und warum muss Onkel Peter keine Manieren lernen?«

»Was ich dir vorhin gesagt habe: Onkel Peter hat die Manieren aus einem anderen Land übernommen, die gelten dort. Aber wir leben in Deutschland, und da machen wir es so, wie wir sagen …«

»Aber«, grätschte Enno rein, »du bist in der Kirche auch nicht aufgestanden, obwohl du solltest!«

Tanja sah mich groß an. Ich schluckte.

»Das, mein Schatz, war was anderes …, hier geht es um das Benehmen … Man sagt bitte und danke, man rülpst nicht beim Essen wie in China, und wenn man ein *Gentleman* ist, dann hält man den Frauen die Tür auf.«

Tanja nahm einen Schluck Kaffee.

»Naja, das macht man eigentlich auch nicht mehr, weil viele Frauen das als sexistisch empfinden.«

»Was? Das habe ich ja noch nie gehört.«

Sie stellte die Tasse ab.

»Doch. Die Männer können dann von hinten auf den Po gucken.«

Ich schüttelte den Kopf.

»Wenn wir in ein Restaurant gehen und ich halte dir die Tür auf, dann denkst du, ich gucke auf deinen Po?«

Die Kinder lachten.

»Es ist doch absurd, dass heute Manieren und Höflichkeit gegen einen verwendet werden.«

Tanja beugte sich zu mir und flüsterte.

»Ich rede doch nicht von mir. Ich finde das ja richtig, aber man sagt heute auch, dass man eigentlich keine Komplimente mehr machen soll, weil sich viele Frauen dann als Sexobjekt wahrgenommen fühlen.«

»Was ist das denn für ein Schwachsinn?«

»Das kannst du doch nicht einfach so abtun! Du weißt doch nicht, wie sich das anfühlt.«

Die Familie am Nachbartisch brach in schallendes Gelächter aus. Ich sah mich um, doch sie schienen uns gar nicht zu beachten.

»Bei aller Liebe, Hunderte Jahre war es höflich, einer Frau zu sagen, dass sie schön aussieht oder ein schickes Kleid trägt, und neuerdings ist es verboten, weil eine Frau gar nicht mehr schön aussehen will, oder wie?«

Tanjas Augen verengten sich.

»Natürlich will sie das, aber sie will nicht darauf reduziert werden, ein Sexobjekt zu sein. Und wenn Männer hinter einer Frau herpfeifen, dann tun sie genau das.«

Enno riss die Augen auf.

»Was ist ein Sexobjekt?«

»Enno!«, schoss es aus Tanja heraus.

Wir sahen uns an. Ich atmete ein und übernahm.

»Das Wort sagt man, wenn man beschreiben will, dass zum Beispiel eine Frau sehr schön ist und …«

»Was?«, unterbrach Tanja, »das kannst du doch so nicht … – es ist ein ganz gemeines Wort, und man sagt es besser gar nicht!«

Enno protestierte.

»Das hast du doch gerade selber gesagt!«

Tanja legte den Finger auf den Mund.

»Nicht so laut, wir sind in einem Restaurant! Wir reden später darüber – nimm bitte die Beine vom Stuhl und warte, bis wir fertig sind. Ja, mein Schatz?«

Dann drehte sie sich wieder zu mir, und ich beugte mich etwas vor: »Sicher ist pfeifen nicht die feinste Art, aber letztlich will ein Mann damit ja nur seine Bewunderung ausdrücken.«

Die Kinder nebenan glucksten. Tanja lehnte sich zurück.

»Hat dir schon mal jemand hinterhergepfiffen?«

»Nein.«

»Na, dann kannst du doch gar nicht mitreden. Es ist erniedrigend. Fertig.«

Ich atmete tief durch.

»Wenn man es so wahrnimmt, wie es absolut sicher nicht gemeint ist, dann bitte, dann muss man eben weghören, wenn irgendwo jemand pfeift und fertig.«

Tanja sah mich verächtlich an.

»Wir haben uns lange genug so behandeln lassen, und jetzt hören wir eben nicht mehr weg, sondern wehren uns.«

Ich verstand die Welt nicht mehr.

»Eben hast du noch gesagt, du findest es richtig, wenn ein Mann einer Frau die Tür aufhält. Wenn man jetzt alles umdeuten will, kann man ja auch sagen, dass es unverschämt ist, einem alten Mann in der Bahn seinen Platz anzubieten, weil man ihm damit ja eindeutig zeigt, dass man ihn für alt hält.«

Am Nachbartisch erhob sich synchron die ganze Familie. Der Vater war noch viel dicker, als ich dachte, sein weißer Bauch hing über die Shorts, das T-Shirt reichte nicht einmal an den Bauchnabel. Die Mutter schob den Kinderwagen behutsam zurück, der Junge ergriff die Hand seines Vaters und küsste sie fröhlich. Der Vater legte seine Hand auf die Schulter des Sohnes und zwinkerte ihm lächelnd zu. Mich beschlich ein komisches Gefühl. Eben noch hatte ich auf die Nachbarn herabgeschaut, wir hatten sie als Beispiel für schlechtes Benehmen genommen und unseren Kindern während des ganzen Frühstücks über Regeln aufgestellt. Vielleicht war die dauernde Erziehung totaler Quatsch, vielleicht sollten wir viel mehr egal sein lassen und, wie anscheinend die Nachbarn, darauf hoffen, dass sich alles ganz von selbst ergibt.

Da Tanja auf mein letztes Statement nicht mehr einging, entstand eine kurze Stille, die unsere Kinder offenbar als Ende der Unterhaltung deuteten und zum Aufbruch bliesen.

Am Strand fanden wir ein etwas abgelegenes Plätzchen, Tanja und Elfie bauten eine Burg, Enno rannte mit seinem neuen Kescher durch das seichte Wasser, und ich saß auf dem Handtuch und guckte zu. Erst sah ich nur meine drei, doch nach und nach nahm ich auch die anderen Familien wahr, die mit Taschen, Tüchern und Schirmen ihr Territorium abgrenzten und sich gemütlich für den Tag in der Sonne einrichteten. Sie lachten und spielten Strandtennis, schwammen und cremten sich die Rücken gegenseitig ein. Ein Auf und Ab von Wellen und Menschen, ein buntes Treiben fröhlicher Wesen, wie Fahnen im Wind tanzten sie an mir vorbei.

Und dann, später in der Nacht, geschah es:

Alle schliefen und schnarchten um mich herum, als sich plötzlich vor mir der Bauchnabel des dicken Tischnachbarn öffnete und Tanja und mich verschlang. Der fette Wanst sah aus wie der Kopf von Faxe, einem der starken Männer von Wickie, sein Mund war ein nebeliger Krater. Tanja schwebte vor mir in einem dunkelroten Samtkleid und war Heidis Frau Rottenmeier. Sie hielt mich an der Hand, und gemeinsam rauschten wir als Zeichentrickfiguren durch den Schlund, bis es wieder hell wurde und aus einem gigantischen Eigelb lauter kleine Kinder tropften, die auf mich zeigten und »Eins, zwei und die letzte Zahl heißt drei« riefen. Alles drehte sich. Dann erschienen Eltern aus der Kita, nahmen die Kinder aus dem Dotter und liefen auf mich zu. Sie kamen immer näher und murmelten durcheinander. Die Worte schwollen an und verebbten. Egal wie sehr ich mich bemühte, ich konnte nicht verstehen, was sie sagten.

Als ich hinter mir einen kalten Hauch spürte und mich umdrehte, klammerte sich ein hageres Männchen an meinen Hals, es hatte keine Nase und flüsterte: »Sie glauben, du willst ihnen die Freiheit nehmen. Kinder brauchen Luft.«

Seine Hände quetschten mich zusammen.

Ich rief panisch nach Tanja, doch die lachte nur und zeigte auf meinen Bruder, der an einem winzigen Tisch saß und ein Brot dick mit Leberwurst bestrich. Er sah langsam zu mir auf.

»Du benimmst dich wie ein General. Lass doch die Kinder in Ruhe.«

Ich atmete tief ein, wollte antworten, doch die Luft war eiskalt. Meine Zunge gefror. Ich konnte nicht sprechen. Dann war ich umzingelt von fremden Menschen, Tanja schnürte sich das Korsett von Frau Rottenmeier enger und sah mich schweigend an. Ich rief:

»Ich will doch nur das Beste! Ohne Manieren ist die Gesellschaft arm!«

Die Leute starrten mich an, zogen den Kreis immer enger und stampften im Takt.

»Du bist arm.

Erziehung und Manieren,

Erziehung und Manieren,

du wirst es nie kapieren.«

Sie kamen näher und näher, und als gerade ein Mann in Uniform seine Hand nach mir ausstreckte, erwachte ich.

Tanja war über mich gebeugt.

»Schatz, was ist? Hattest du einen Albtraum?«

Ich war außer Atem.

»Ja …«

Sie gab mir einen Kuss.

Ich setzte mich auf.

»Ich frage mich, ob ich alles falsch mache … Die ganze Erzieherei. Wir glauben immer zu wissen, was man machen soll und was richtig ist, aber vielleicht geht es in echt ganz anders. Ich denke, der Dicke am Nachbartisch kümmert sich nicht und ich würde es besser machen. Vielleicht ist es genau andersrum.«

Tanja kuschelte sich an mich.

»Ach, mein Schatz. Ich glaube schon, dass wir versuchen, es so gut wie möglich zu machen –, aber sicher macht man Fehler, und es gibt tausend verschiedene Wege.«

Am nächsten Morgen saßen wir wieder neben der Familie vom Vortag. Das Mädchen schrie, die Mutter steckte das iPad in ihre Tasche, der Junge wollte mehr *Pancakes,* und der Vater herrschte ihn an.

»Nein heißt nein!«

Tanja beugte sich zu mir.

»Siehst du. Keiner weiß, wie es geht.«

»WEISS OMA, WO DER MILCHREIS STEHT?«

Barack Obama war gerade zum Präsidenten gewählt worden, »*Yes we can*« eroberte die Welt, und da Elfie und Enno inzwischen sechs und acht Jahre alt waren, nutzten auch wir den Slogan und die Aufbruchsstimmung.

»*Yes, we can* auch etwas Freiheit zurückgewinnen!«

Nachdem wir uns nun seit Jahren Tag und Nacht fast ausschließlich um die Kinder gedreht hatten, wollten wir auch mal wieder etwas mehr an uns denken. Konkret hieß das, einfach einmal ein paar Tage alleine Urlaub zu planen, ohne die Kinder, nur Tanja und ich.

Natürlich war auch der Urlaub mit den Kindern letztes Jahr am Strand eine echte Abwechslung, aber eben nur von der Location her. Wir waren nicht im Wald oder auf einem Spielplatz, sondern am Meer, aber die Konzentration auf die beiden Kleinen blieb die gleiche, Tanja und ich hatten keine Sekunde frei und nie Zeit für uns. Und wenn wir ganz ehrlich waren, vermissten wir uns als Paar inzwischen sehr.

Also durchstöberten wir unsere Kalender, und wie sich herausstellte, war es gar nicht einfach, drei Tage am Stück zu finden, an denen keiner von uns eine Verpflichtung hatte oder eines der Kinder irgendwohin musste. Wir beschlossen, auf jeden Fall nicht weit weg zu fliegen, sondern in Deutschland zu bleiben, um zur Not mit einem Auto jederzeit zurückfahren zu können.

Als dann aber zufällig Tanjas Uraltfreundin Franzi anrief und uns zu sich nach München einlud, hatten wir ein konkretes Ziel und organisierten alles für unseren ersten Kurzurlaub ohne Kinder. Einfach nur wir zwei, wie früher. Und dass der Freitag wieder wegen irgendwelcher Lehrerkonferenzen schulfrei war, passte ausnahmsweise mal perfekt.

Eine feste Kinderbetreuung hatten wir nicht, meine Eltern waren gefühlt jeden Tag bei einem anderen Arzt, und Tanjas Eltern würden die Kinder nehmen, aber lieber bei sich und auf keinen Fall mit ihnen durch die Gegend kutschieren müssen. Es war alles kompliziert. Als dann Tanjas Vater plötzlich auch noch mit einem eingeklemmten Nerv ausfiel, blieb nur meine Schwiegermutter, welche unter diesen Umständen lieber zu uns kommen wollte. Doch selbst als wir alles minutiös mit allen Beteiligten durchgeplant hatten, überall Zettel mit Notrufnummern verteilt waren, alle Nachbarn und beste Freunde der Kinder Bescheid wussten, glaubten wir noch nicht daran, dass wir wirklich von zu Hause wegkämen.

Aber dann war es endlich so weit, und tatsächlich klingelte die Oma pünktlich um zehn Uhr. Mit ihrem Rollkoffer und eigenem Bettzeug unter dem Arm stand sie schnaufend vor der Tür.

»Überall Baustelle, ihr könnt es euch nicht vorstellen, fahrt bloß nicht mit dem Auto.«

Enno rannte mit seinem neuen *Nerf*-Gewehr hinter das Sofa, und Elfie wollte auf Tanjas Arm. Unser Zug ging um 11.30 Uhr, es war noch genug Zeit, um alles zu erklären.

Tanja nahm das Bettzeug, ich den Koffer, und wir geleiteten ihre Mutter in unser Schlafzimmer.

»Alles neu bezogen, Mutti, am besten schläfst du hier, falls die kleine Madame in der Nacht doch rüberkommt und kuscheln will.«

Elfie schlang ihre Arme fester um Tanjas Hals.

»Ihr sollt hierbleiben, Mama!«

Tanja versuchte, sich aus dem Schwitzkasten zu lösen.

»Schatz, so kriege ich keine Luft. Es ist doch alles gut, wir kommen übermorgen zurück, wir sind nur ganz kurz weg zum Arbeiten.«

»Aber es ist doch Wochenende.«

Elfie setzte den Griff neu an.

»Ja, da hast du recht, mein Schatz, es ist ja auch nur ein bisschen wie arbeiten, wir treffen auch eine Freundin. Zweimal schlafen, und die Tage macht ihr ganz tolle Sachen mit Omi, okay?«

Ich platzierte unsere Taschen schon mal an der Haustür und ging in die Küche.

»Jutta, einen Kaffee?«

Es kam keine Antwort, ich stellte trotzdem den Becher mit dem Hund drauf unter den Auslauf und drückte den Knopf für große Tassen. Dann kontrollierte ich auf meinem Handy noch mal, ob wirklich beide Bahnfahrkarten gespeichert waren, und holte mein Ladekabel aus dem Wohnzimmer.

»Schatz, ich rufe dann jetzt das Taxi, okay?«

Normalerweise bekam ich auf diese Frage zuverlässig ein verhuschtes »Warte, gib mir noch fünf Minuten« aus dem Bad, doch da wir die Reise so lange geplant hatten, seit zwei Tagen mit den Kindern über nichts anderes mehr sprachen und allen klar war, dass wir heute pünktlich um 11.15 Uhr spätestens am Bahnhof sein mussten und darum am Morgen auf keinen Fall trödeln durften, ging ich davon aus, dass auch Tanja sich diese Verabredungen zu Herzen genommen hatte und startklar war.

»Schatz?«

Um demonstrativ ausgehfertig zu sein, zog ich mir die Jacke über und stellte meine Tasche zwischen die Beine, als Jutta um die Ecke lugte.

»Wo ist denn der Große?«

Tatsächlich war von Enno nichts zu hören.

»Enno?«

»Oma soll mich suchen«, drang es dumpf aus dem Wohnzimmer.

»Oh, er hat sich versteckt«, flüsterte ich zur Oma, »es klingt nach Kissen …«

»Aber Enno, hier drinnen wird nicht geschossen, auch nicht auf Oma, verstanden?«

»Na, dann will ich den jungen Mann mal suchen«, schlich sie sich davon und rief: »Mäuschen, mach mal piep!«

Ich sah auf die Uhr.

»Tanja? Wir müssen!«

Tanja rannte ins Wohnzimmer und suchte den Schrank ab.

»Warte, wo ist die Fernbedienung? Ich mache Elfie schnell noch eine Folge Conni an! Hol du doch schon die Taschen, und dann können wir gleich los.«

»Die Taschen habe ich längst, ich bin fertig und muss jetzt das Taxi bestellen.«

Obwohl Tanja »Wer hat denn den Sender auf Internet oder was hier gestellt« aus dem Wohnzimmer rief, orderte ich einen Wagen zu sofort, nahm die Kaffeetasse aus dem Automaten und stellte sie auf den Küchentisch.

»Enno?«

Mit einem lauten »Tschühüs« rammte mein Sohn mir die *Nerf* in den Oberschenkel und umarmte mich.

Ich streichelte seinen Kopf.

»Nicht so doll, mein Schatz, das tut weh! Hör zu, wenn ihr jetzt mit Oma alleine seid, möchte ich, dass ihr gut hört und keinen Mist macht. Und vor allem Oma nicht ärgert, okay? Sonst ruft Oma uns an – verstanden, mein Großer?« Und ins Ohr flüsterte ich ihm noch: »Du bist doch jetzt der einzige Mann hier im Haus, da musst du auf alle aufpassen, versprochen?«

»Eye, eye, Käpt'n.«

Enno nickte, nahm sein Gewehr wie ein Großer und schlich davon. Elfie saß endlich vorm Fernseher und rief nach einem Joghurt, Tanja rannte zum Kühlschrank und holte einen, drückte ihn samt Löffel ihrer Mutter in die Hand. Sie lief noch mal ins Bad, kam mit einer Bürste heraus und wühlte durch ihre Handtasche, schminkte sich vor dem Spiegel die Lippen und rannte raus.

»Tschüs!«

Das Taxi war da. Ich schnappte beide Taschen, legte sie in den Kofferraum und öffnete die hintere Tür. Tanja sprintete die Treppe hinunter direkt auf den Sitz, ich schloss die Türe wieder und setzte mich hinter den Fahrer und drehte mich zu meiner Frau. Wie erschlagen saß Tanja da, sie atmete tief durch und schloss die Augen.

Unsere ersten drei Tage ohne Kinder seit Menschengedenken konnten beginnen. Seit die beiden da waren, drehte sich alles nur noch um sie. Elfie kam immer noch fast jede Nacht zu uns ins Bett, wir fuhren von einem Termin zum anderen, begegneten uns vielleicht einmal mit Einkaufstüten im Hausflur und übergaben den Autoschlüssel oder Schulranzen, aber als Paar waren wir so gut wie nicht mehr vorhanden. Ich war mir sicher, Tanja liebte mich auch nach über zehn Jahren noch immer, doch es gab keine Zeit, das zu zeigen. Es war nur noch hektisch. Zu viel los und wir nahmen uns nie Zeit füreinander. Nur noch für die Kinder, den Job und die Familie.

Doch vor einigen Wochen sprach Tanja mit einer anderen Mutter aus der ersten Klasse –, und die konnte nicht glauben, wie sehr wir uns vernachlässigten. Sie brachte ihre Kinder regelmäßig zu den Großeltern oder organisierte Übernachtungen bei Freunden, so dass sie und ihr Mann jede Woche mindestens einen Abend »Paarzeit« nur für sich hatten.

»Wollen wir das nicht auch einführen, dass wir jede Woche einen Abend frei machen?«, hatte Tanja vorgeschlagen.

»Und was machen dann die Kids?«

»Klar, da müssen wir eine gute Betreuung finden.«

Und schon hatten wir die immer wiederkehrende Diskussion um Babysitter und Au-pair geführt, die stets damit beendet wurde, dass wir wirklich mal intensiv suchen müssten, aber eigentlich niemanden fest in der Wohnung haben wollten.

Aber jetzt war Oma da, und wir saßen im Taxi auf dem Weg zum Bahnhof.

Franzi wohnte seit ihrer Trennung mitten in Schwabing. Wir waren Ewigkeiten nicht mehr in München gewesen und freuten uns auf die Stadt ohne Verpflichtungen, ohne Verantwortung oder Termine. Wir würden Party machen und Helles trinken, ohne schlechtes Gewissen ausschlafen und alles auf uns zukommen lassen, ganz sicher nichts planen.

Als das Taxi losfuhr, nahm Tanja meine Hand und schaute aus dem Fenster. Ich wusste genau, was sie dachte.

»Es ist alles gut, mein Schatz, deine Mutter hat euch großgezogen, sie wird auch drei Tage mit ihren Enkeln schaffen.«

Tanja biss sich auf die Lippe und nickte. Dann guckte sie noch mal nach unserem Haus, aber es war nicht mehr zu sehen.

Ich legte meinen Arm um sie und zog sie näher an mich heran.

»Wie lange waren wir nicht mehr in München …«

Sie schmiegte ihre Wange an mich, ich gab ihr einen Kuss, und langsam schien ihre erste Kinder-Wehmut glücklicherweise zu verfliegen.

»Hoffentlich ist schönes Wetter, dann können wir auf dem Viktualienmarkt Leberkäs' essen.«

»Augustiner, Weißwürste und abends *P1*.«

Sie sah mich an.

»Ich denke, das findest du blöd?«

Ich lächelte.

»Früher. Aber jetzt, wo wir mal alles machen können, was sonst mit den Kindern nicht geht …«

Tanja grinste.

»Völlig ungewohnt.«

»Wir können ja als Erstes eine Runde um den See im Englischen Garten machen.«

»Au ja! Bei dem Biergarten, da gibt's doch die köstlichen Brezn.«

Ich nickte. Sie drückte meine Hand.

»Der See wäre auch was für Enno. Der wimmelte doch von Fischen.«

»Aber ich glaube nicht, dass man da angeln darf.«

Sie wog den Kopf hin und her.

»Aber weißt du, was ich eh gedacht habe? Er redet doch so viel davon und dass er mal einen richtigen Angelkurs machen will …«

Ich unterbrach.

»Aber richtig angeln …, ich glaube nicht, dass es für Achtjährige Kurse gibt, und Raubfisch ist sowieso, soweit ich weiß, erst ab 14.«

Tanja ließ eine Haarsträhne durch ihre Finger gleiten.

»Friedfisch ist doch okay – gib mir mal dein Handy, meines hat nur noch fünf Prozent, dann gucke ich mal, vielleicht gibt's ja einen Kurs in den nächsten Ferien.«

Doch da wir uns dem Bahnhof näherten, verschob sie die Suche und ich zückte das Portemonnaie, um den Taxifahrer zu bezahlen.

Der Zug fuhr planmäßig von Gleis 2.

Ich schulterte beide Taschen, und wir schlenderten Hand in Hand wie zwei Studenten per Interrail quer durch Europa.

Am Zeitungsladen zog Tanja mich plötzlich hinter ein hohes Bücherregal und stellte sich strahlend vor mich.

Ich legte den Kopf ein wenig schief, wie sie es sonst immer tat.

»Was?«

Ich sah sie an. Ihre Lippen pirschten auf meinen Mund zu, und sie küsste mich erst ganz zart, dann immer leidenschaftlicher. Es kribbelte im Bauch. Alles konnte noch immer wie früher sein. Ich strich ihr übers Haar.

»Mein großer Schatz. Ist das nicht toll? Wir stehen hier, keiner kommt und will irgendwas, keiner ruft ›Mama‹, und wir sind noch nicht einmal losgefahren.«

»Mhm.« Tanja schmiegte sich an mich.

Ich hob die Taschen wieder auf und nahm ihre Hand, doch sie zog mich noch ein Stück weiter in den Laden hinein.

»Guck mal, *Madagascar*, die Serie liebt Enno doch, wollen wir ihm vielleicht so ein Heft mitbringen und für Elfie so eins mit den Ponys?«

»Das können wir doch auf dem Rückweg machen, komm.«

Ich streckte die Hand aus.

Sie kam aber erst, als ich ihr versprach, in München noch etwas

Originelleres für die Kinder zu finden, dann marschierten wir zügig zu unserem Gleis.

»Du hast doch ein Ladekabel mit, Schatz?«

»Klar.«

»Dann würde ich nämlich kurz noch mal meine Mutter anrufen. Ich habe total vergessen zu sagen, wo das neue Puzzle für Elfie ist und dass Enno sich heute Abend Pfannkuchen gewünscht hat.«

Sie zückte ihr Handy.

»Aber wo steht es denn? Das wird doch deine Mutter finden.«

Sie hielt das Telefon ans Ohr, blinzelte mir zu und legte den Zeigefinger an den Mund.

Ich verkniff die Mundwinkel.

»Du musst ihr auch eine Chance geben, das mit den Kids alleine hinzukriegen.«

Ihre Mutter nahm ab.

»Hi Mama, ich bin's, alles gut bei euch? Du, ich wollte nur sagen, ich habe doch ein neues Puzzle für Elfie besorgt, das steht im Spieleschrank ganz oben auf den anderen Puzzles. Und sie hat da noch etwas aus der Schulküche, was sie unbedingt zu Hause aufessen wollte. Habt Ihr das schon im Kühlschrank gefunden? Na, um so besser! Gut … Ja, genießen wir … Steigen gleich ein. Passt gut auf euch auf! Tschüs.«

Sie steckte das Handy wieder in die Tasche und umarmte meinen Arm mit beiden Händen.

»Alles gut zu Hause, Elfie hatte Oma schon gesagt, wo der Milchreis steht.«

Ich atmete tief durch.

»Na, siehst du. Aber wolltest du nicht noch das wegen Enno sagen, mit dem Pfannkuchen?«

Tanja schlug sich mit der flachen Hand vor die Stirn.

»Ja, Mist, vergessen! Gib mir mal dein Handy, das sag ich ihr lieber schnell noch, nachher haben wir im Zug kein Netz.«

Vor dem Dönerladen an der Rolltreppe zu Gleis 2 staute es sich wegen eines älteren Paares mit Fahrrädern, die Lautsprecherdurchsage plärrte unverständlich von unten, die Uhr zeigte 11.24 Uhr, wir hatten noch sechs Minuten bis zur Abfahrt. Tanja nahm mein Handy, hielt es zum Entsperren vor meinen Zeigefinger und rief dann noch mal ihre Mutter an.

Ich hob kurz die Hand.

»Warte, vielleicht sagst du ihr lieber nichts von Ennos Pfannkuchen, wäre doch gut, wenn sie vielleicht mal was anderes in ihn reinkriegt. Gemüse oder so?«

Tanja sah mich groß an.

»Das muss doch nicht sein, wenn meine Mutter da ist. Da können sie doch ein bisschen Pippi Langstrumpf machen.«

Ich zog die Schultern hoch und hob die Taschen über die Köpfe der Menschentraube vor der Rolltreppe, um die Stufen hinuntergehen zu können. Ich hatte gerade den großen Absatz erreicht, als Tanja von oben rief.

»Tim!« Sie winkte mir wieder raufzukommen.

Ich machte kehrt und schlängelte mich gegen den Strom wieder nach oben, wo meine Frau im Gespräch mit einer jungen Frau auf mich deutete.

»Schatz, kannst du kurz helfen, die beiden Kinder mit runterzutragen, sie hat noch ein Baby im Buggy, aber die beiden Kleinen werden ja zwischen den Leuten hier zerquetscht. Oder du nimmst den Buggy und ich die Kids?«

Ich verstand nicht, wo das Problem lag, die Kinder waren kaum jünger als Elfie und meines Erachtens durchaus in der Lage, neben ihrer Mutter die Treppe runterzugehen.

»Ja, soll ich den Wagen nehmen und du jeweils ein Kind an die Hand?«

Tanja drehte die Griffe in meine Richtung.

»Geht das mit den Taschen, Schatz?«

»Ja klar, wer soll die denn sonst nehmen? Die Frau?«

»Schatz«, ermahnte mich Tanja und führte an jeder Hand eines der Kinder nach unten. Die Mutter folgte uns und zog, als ich mich nach ihr umdrehte, verwundert die Augenbrauen hoch und die Mundwinkel nach unten.

»Bitte einsteigen, die Türen schließen«, krächzte es aus dem Lautsprecher. In großen Sätzen nahm ich die letzten Stufen und drängte auf die Tür des ICE zu.

»Halt!«

Ich drehte mich mit dem Buggy in den Armen und den Taschen über den Schultern nach Tanja um. Sie rief und gestikulierte wild.

»Nicht in unseren – da drüben! Sie muss zum anderen Gleis!«

Ich setzte den Buggy ab und streckte ein Bein in die noch offene Tür unseres Zuges.

»Wir müssen aber hier rein – und der fährt jetzt.«

Tanja übergab die Kinder ihrer Mutter und rannte auf mich zu.

»Der Buggy, du musst ihr den Buggy geben!«

Ich blieb mit dem Fuß im Zug.

»Ihr Zug gegenüber ist doch noch gar nicht da. Den Wagen kann sie sich doch holen … «

Tanja nahm mir den Wagen aus der Hand und stürmte mit dem Baby zurück. Die Türen piepsten. Sie drückte der Frau den Buggy in die Hand und sprang im letzten Moment in den Zug, einen Wagen vor mir.

Da alle Plätze reserviert waren, legte ich unsere Taschen in das Fach über eine Reihe für »Bahncomfort«-Kunden, in der Hoffnung, dass niemand käme, und zog meine verschwitzte Jacke aus. Tanja kam strahlend auf mich zu und gab mir einen Kuss.

»Danke, mein Schatz.«

Ich verkniff mir einen Kommentar und lächelte.

Tanja hatte sich gerade gesetzt, da stand auch schon der Schaffner neben uns.

»Ihre Fahrscheine bitte, noch jemand neu zugestiegen?«

Meine App funktionierte, er scannte die digitalen Ausweise.

Tanja klappte das Tischchen vor sich runter und holte eine kleine Schulbrotdose aus ihrer Jackentasche.

»Richtige Fahrkarten gibt's doch aber auch noch, oder?«

Der Schaffner steckte das Lesegerät an seinen Gürtel.

»Na, wenn Sie am Automaten kaufen, bekommen sie welche ausgedruckt, Sie können sich auch das Dokument runterladen und zu Hause ausdrucken, wie Sie wollen.«

Sie zog eine Trinkflasche aus der anderen Tasche und nahm einen Schluck.

»Nee, ich dachte nur gerade, das wäre so schön für unsere Kinder, wenn sie so was Abgestempeltes hätten.«

Der Schaffner schüttelte den Kopf.

»Da müssen sie selbst eine Fahrkarte mitbringen, die stempele ich ihnen gerne ab, aber ich habe keine abgelaufene dabei.«

Tanja nahm noch einen Schluck Wasser und hielt mir die Flasche hin.

»Du auch?« Dann rief sie dem Schaffner hinterher.

»Und solche Zangen, die richtig ein Loch in die Karte machen, die gibt's gar nicht mehr, oder?«

Der Mann sah sich irritiert um.

Meine Rückenlehne ließ sich nicht nach hinten drücken, dafür fand ich bei der Suche nach einem versteckten Lehnenhebel die Steckdose. Tanja war glücklich, ihr Handy laden zu können, klappte die Armlehne zwischen uns hoch, kuschelte sich an mich und seufzte zufrieden. Dann schnappte sie ihr Telefon.

»Das ist doch die Gelegenheit – wir wollten doch ein Fotoalbum für unsere Eltern machen!«

Ich sah auf.

»Jetzt?«

»Wir reden schon ewig darüber und kommen dann doch nie dazu. Du musst ja nur einen Ordner machen und schickst mir alle Kinderfotos rüber, und ich bestelle dann das Album. Und wir haben endlich mal wieder Bilder auf Papier.«

Ich sah aus dem Fenster die Bäume verschwommen an uns vorbeirauschen und dachte an die Ausstellung von dem Künstler, der nur solche verwischten Landschaften malte.

Tanja stupste mich an und hielt mir ihr Handy hin.

»Guck mal, Elfie, wie klein die da noch war!«

Ich nickte.

»Naja. Klar. Da war sie gerade erst geboren.«

»Die war so goldig, mit dem Haarkranz und der Boxernase.«

»Hm«, machte ich verwundert darüber, wie anders ich es damals wahrgenommen hatte. Aber offenbar hat die Natur es so eingerichtet, dass alle Eltern ihre Kinder von der ersten Sekunde an niedlich finden, auch wenn sie einem dann mit etwas Abstand anders erscheinen.

»Oder das hier? Enno – genau wie dein Vater.«

»Hmh.« Mir entwich ein Nasenlacher.

»Schatz, was ist? Such' doch auch ein paar Bilder aus, dann sind wir ruckidizuck fertig, die Eltern freuen sich und wir doch auch.«

Ich griff also nach meinem Telefon und scrollte durch die Bildergalerie. Bei dem Foto von einem runtergesetzten Tennisschläger blieb ich hängen.

»Sag mal, was ist eigentlich aus der Anmeldung zum Tennis geworden?«

Tanja ließ ihr Handy sinken.

»Ja, wolltest du das jetzt wirklich? Ich dachte, du willst mit Enno schwimmen?«

Ich überlegte kurz, ob ich etwas verpasst hatte, und sah sie an.

»Ich dachte, wir hatten gesagt, er soll zum Tennis?«

»Ach so, nee, ich dachte, du wolltest auch schwimmen.«

Zwei oder drei Reihen vor uns fing ein Baby an zu schreien.

Tanja sah mich wie ein Küken an.

»Och Gott, oh Gott, das klingt ja nach einem ganz Kleinen.«

Ich nickte und wog den Kopf. Für ganz klein schrie es schon recht laut.

»Oder sauer.«

Ich suchte weiter Fotos und ärgerte mich, meine Kopfhörer mal wieder zu Hause vergessen zu haben.

»Hoffentlich haben die einen Schnuller mit.«

Tanja sah mich besorgt an.

»Vielleicht hat es ja auch Blähungen! Weißt du noch, wie fies die Koliken bei Elfie in dem Alter waren?«

»Naja.«

Ich sah mich um, ob einige Reihen weiter hinten noch freie Plätze waren. Tanja legte ihre Hand auf mein Bein, lies die Schultern hängen und machte einen Schmollmund.

»Ich vermiss unsere kleinen Mäuse schon.«

Meine Augen verengten sich ohne Absicht.

»Aber wir sind doch gerade erst losgefahren. Denen geht's bestimmt gut mit Oma.«

»Aber wo das Baby jetzt da vorne so schreit, komm' ich mir vor wie eine Rabenmutter.«

Ich atmete tief durch.

»Schatz, das ist ein fremdes Kind. Unsere sind happy, und alles ist gut. Wir haben uns doch wochenlang gefreut, mal wieder zu zweit etwas machen zu können. Das haben wir doch ewig nicht gehabt. Hm?«

Sie lehnte ihre Stirn gegen meine und nickte sachte.

»Ich weiß, mein Schatz, das machen wir auch!«

Im Bordrestaurant bestellte ich uns einen Weißwein und ein Bier, wir stellten zwei ganze Alben an Kinderfotos zusammen, welche uns laut Tanjas App innerhalb der nächsten zehn Tage zugesandt werden sollten, und meldeten Enno und mich im Tennisverein zum Familientraining an. Als Tanjas Handy bei Nürnberg fast vollständig geladen war, loggte sie sich, trotz meiner Sicherheitsbedenken öffentlichen Netzen gegenüber, im WLAN des ICE ein und googelte nach Angelkursen für Achtjährige.

In München holte Franzi uns ab. Sie stand mit einem uns fremdem Mann und drei (ebenfalls unbekannten) Kindern winkend am Gleis. Kaum hatten die Türen sich geöffnet, sprang Franzi Tanja um den Hals, und der Typ schüttelte meine Hand.

Franzi zeigte stolz auf die ganze Mannschaft:

»Das ist Peter! Und das sind Torben, Mats und Lasse.«

Ich war zu überrascht, um sinnvoll zu reagieren. Nickte einfach allen zu und sah meine Frau an. Die brauchte nur eine Sekunde, dann freute sie sich überschwänglich, nicht nur über Franzi, sondern begrüßte auch den Mann und die Kinder aufs herzlichste.

Franzi hakte sich bei uns beiden unter, Peter nahm das Gepäck, die Kinder rannten vor. Ich war immer noch konsterniert und fühlte mich wie ferngesteuert.

Auf dem Parkplatz verschwanden die Kinder mit unserem Gepäck in einem Kombi, Peter gab Franzi einen Kuss, sagte »bis gleich, mein Schatz« und stieg ein. Wir folgten Tanjas Freundin zu einem alten Mazda Cabrio in Dunkelgrün, Tanja setzte sich fröhlich zum Reden nach vorne, ich quetschte meine Beine quer hinter die Vordersitze. Dann ging es in kleiner Kolonne los in Richtung Schwabing. Ich sah uns schon in der *Babalou-Disko*, im *NachtCafé* und *P1*, doch was Franzi leider bisher verschwiegen hatte, war, dass sie seit einem halben Jahr mit einem neuen Mann zusammenlebte. Dem Mann im Wagen vor uns eben, Peter, 53. Seine Frau hatte ihn mit den drei kleinen Kindern sitzengelassen und war von heute auf morgen zu ihrem Yogalehrer nach Mallorca gezogen. Mich traf der Schlag, hier im schönen MX5, den ich früher immer klasse fand.

»Das ist ja eine Überraschung!«

Tanjas Stimme war nicht zu entnehmen, ob es eine schöne oder böse war.

»Ja, oder? Wie schön, dass das wirklich geklappt hat! Wir freuen uns so!«, rief Franzi überschwänglich.

»Und Tim, wir haben uns ja ewig nicht gesehen! Ich hab' Peter schon von dir erzählt!«

Sie tätschelte von vorn auf mein Knie.

»Ja«, entfuhr es mir, und ich sah mich hilfesuchend um. Dann wagte ich einen Vorstoß, von dem ich hoffte, dass er nicht allzu verzweifelt klang: »Aber sagt mal, wenn Ihr jetzt schon so viele seid in deiner Wohnung, vielleicht gehen Tanja und ich einfach direkt in ein Hotel?«

»Was?«, drehte Tanja sich zu mir um.

»Kommt gar nicht in Frage!«

Dann redeten sie einfach weiter. Ich schaute aus dem Fenster und fand München viel hässlicher, als ich es in Erinnerung hatte.

Irgendwann hielten wir in zweiter Reihe vor einem grünen Haus in der Hohenzollernstrasse, Tanja klopfte mir auf den Oberschenkel.

»Komm, Schatz, wir springen schnell raus, Franzi hat eine ganz enge Garage.«

Vor dem Eingang standen schon Peter und seine Kinder mit unseren beiden Taschen, Tanja hielt mich kurz am Arm und flüsterte: »Unvorstellbar, dass es Frauen gibt, die es über das Herz bringen, ihre Kinder einfach so bei dem Mann zu lassen und abzuhauen, oder?«

Ich nickte, und dann kam es noch viel schlimmer.

Kaum hatte Franzi uns die ausziehbare Schlafcouch im Wohnzimmer gezeigt und eine Flasche Mineralwasser mit fünf Gläsern auf den Sofatisch gestellt, verschwand sie in ihrem Zimmer. Peter stand bereits im Hemd an der Tür und knotete seine Krawatte.

»Tanja«, säuselte Franzi um die Türe, »die Jungs können sich schon selber bettfertig machen, Essen steht im Kühlschrank, und sonst hängt da auch eine Liste vom Pizzaservice. Aber wäre es okay, wenn Peter und ich euch heute Abend alleine lassen? Vielleicht können wir ja auch später noch ein Glas Wein zusammen trinken? Falls ihr noch wach seid.«

Gelähmt starrte ich Tanja an. Sie starrte zurück und rang nach Worten, doch da fiel schon die Tür zu, und wir waren in der Falle. In meinem schlimmsten Albtraum wäre ich nicht auf die Idee gekommen, unseren ersten Elternurlaub seit Menschengedenken auf dem Fußboden einer Schwabinger Dachgeschosswohnung zu verbringen und mit fremden Kindern Memory zu spielen, um Tanjas Freundin die Chance zu geben, mit ihrer neuen Flamme auszugehen. Tanja gab mir einen Kuss.

»Schatz, guck mal, die Familie hat bestimmt auch eine schwere Zeit hinter sich, und in zwei Tagen fahren wir beide schon wieder mit dem Zug zurück. Da machen wir es uns dann ganz gemütlich, ja? Das kriegen wir schon hin!«

Ich schloss die Augen und sehnte mich nach Hause.

»HABE ICH MICH SO IN IHR GETÄUSCHT?«

Die Haustür fiel ins Schloss, die Sonne senkte sich hinter den Häusern. Ich steckte die Hände in die Hosentaschen, Tanja hakte sich bei mir unter.

»Das ist so schön, dass du mal mitkommst!«

Es war mild, roch aber schon nach Herbst.

»Tu mir nur einen Gefallen und lass dich nicht noch mal zur Elternsprecherin wählen.«

Sie lächelte.

»Nee, natürlich nicht!«

»Bis wann geht denn die Veranstaltung?«

»Normalerweise nicht länger als eine Stunde, höchstens. Du hast eigentlich gar keine Lust, stimmt's?«

»Doch, natürlich.«

Tanja strahlte.

»Bin ja mal gespannt, was du von Herrn Wimmer hältst, Enno kommt ja gut mit ihm klar.«

Den Namen hatte ich noch nicht gehört.

»Der Klassenlehrer?«

»Nee, der neue, Geschichte, wo er gerade das Referat gemacht hat.«

Ich sah sie an.

»Wo du das Referat gemacht hast, meinst du.«

»Alleine ist er ja nicht zu Potte gekommen ...«

»Hm. Aber ob es ihm letztlich dient?«

Sie drückte meinen Arm leicht gegen sich.

»Wir wollen doch, dass er da gut mitkommt und nicht den Anschluss verliert, da ist es ja wohl selbstverständlich, ihm auch zu helfen.«

Die Ampel sprang auf Rot, ich sah mich kurz um und wollte weiter, doch Tanja hielt mich an der Hand zurück.

»Mach, wie du meinst, ich glaube nur, dass es das Bild verfälscht, und er tatsächlich nicht wirklich etwas lernt, weil du es für ihn machst. Und der Lehrer denkt, er kann es …«

»Schatz, das war jetzt einmal, keiner weiß es, und ich habe ihn so vielleicht vor einer doofen Note bewahrt. Fertig. Ab jetzt lernt er ja selber.«

An der Tür zum Raum der 5A wurden wir von einem Lehrer in braunem Sakko empfangen. Herr Schuchhardt, Ennos Klassenbetreuer. Er hatte blondes Haar, einen Seitenscheitel mit hinten abstehendem Wirbel und eine schmale rahmenlose Brille. Nachdem alle Eltern an den Tischen ihrer Kinder platziert waren, ging eine Anwesenheitsliste durch die Reihen, wir sollten unsere Kontaktdaten überprüfen und uns in die neue Mailingliste eintragen. Parallel wurde die Frage nach einem freiwilligen Protokollanten gestellt, welche einerseits zu sofortiger Stille führte, andererseits augenblickliche Tarnung oder ein geschicktes Ablenkungsmanöver erforderte, um den Fokus nicht auf sich zu ziehen und die Aufgabe übernehmen zu müssen. Tanja beugte sich reflexartig nach ihrer Handtasche und täuschte die Suche nach einem Taschentuch vor, ihre Nachbarin bekam einen Hustenanfall, andere Eltern fummelten nach ihren Stiften, bekamen wichtige Nachrichten auf dem Handy, ein Vater ging aufs Klo, eine Mutter wählte sogar den Angriff als Verteidigung und sagte: »Ich würde gerne, kann aber leider nicht, denn mein Mann ist auf Geschäftsreise und hat den Laptop mitgenommen.«

Und so kam es, wie es kommen musste. Herr Schuchhardt erhob die Stimme.

»Ich sehe, heute ist auch Ennos Vater hier, vielleicht können Sie ja das Protokoll schreiben und so den Eltern, die heute nicht dabei sein können, die Informationen des heutigen Abends zukommen lassen?«

Tatsächlich war ich das erste Mal bei einem Elternabend der neuen Klasse, kannte also das Gefühl der Abwesenden, die ohne die Informationen der Elternabende leben mussten, hatte sie aber auch noch nie vermisst. Ganz im Gegenteil, ich hatte früher ja einige dieser Veranstaltungen besucht, auch ohne Tanja, aber kein einziges Mal das Gefühl, anschließend schlauer gewesen zu sein. Vielleicht war ich ignorant, aber es wollte mir einfach nicht gelingen, Interesse an der Diskussion, ob der neue Füller für zwölf Euro aus der Klassenkasse bezahlt werden sollte oder die Reise in den Deister mit Zwischenstopp oder ohne stattfinden kann. Auch dass sich Aurelia und ihre Sitznachbarin im Religionsunterricht nicht mehr meldeten, da sie Angst vor falschen Antworten hatten, ließ mich offenbar als Einzigen kalt.

Nach kurzer Starre antwortete ich trotzdem wahrheitsgemäß.

»Seien Sie mir nicht böse, aber ich habe gerade eine wichtige Präsentation abzugeben, und ich würde erst die Zeit finden, wenn der nächste Elternabend vor der Tür steht, das wäre sicher unfair.«

Ich blieb auch dabei, als sich zwei Mütter vor uns umdrehten und meinten, das sei eigentlich kein Problem, schließlich sei das letzte Protokoll auch erst nach vier Wochen gekommen. Dann meldete sich netterweise ein älterer Vater und sagte, er würde die Aufgabe übernehmen, um die peinliche Stille zu beenden und damit wir auch irgendwann mal mit den wichtigen Themen anfangen könnten. Kaum hatte er einen Block aus seiner Aktentasche auf den Tisch gelegt, entspannte sich die ganze Elternschaft.

Herr Schuchhardt erzählte von den letzten Wochen und wie sich die Klasse als Verbund entwickelt hatte, eine neue Mitschülerin wurde erfreulicherweise sehr liebevoll von der Klasse aufgenommen, und die Handynutzung im Unterricht sei gerade auch ganz gut unter Kontrolle. Als er mit Punkt eins der Tagesordnung durch war, rückte ein Mann mit Oberhauptglatze und langem grauen Zopf im karierten Hemd über dem Bauch seinen Stuhl neben den Klassenlehrer und stellte sich sitzend als Herr Wimmer, der Geschichtslehrer, vor. Er sprach derart langsam und machte so lange Pausen, dass ich mich fragte, wie ihm je ein Schüler folgen sollte. Ich sah gerade amüsiert zu Tanja rüber, als ich Ennos Namen hörte.

»Ausnahmsweise möchte ich heute einen Schüler namentlich erwähnen. Denn da es um ein wirklich vorbildliches Verhalten geht, möchte ich das ausgezeichnete Referat, das Enno gehalten hat, hervorheben.

Liebe Eltern von Enno, wissen Sie, was er sich für eine Arbeit gemacht hat? Auch wenn er es nicht auswendig gehalten hat, hat er aber als Einziger einen wirklich großen Bogen gespannt und sich seinem Thema mit einer für das Alter erstaunlichen Akribie gewidmet.«

Tanja saß aufrecht, nickte stolz und sagte: »Ja, da hat er sich auch voll reingekniet! Geschichte macht ihm einfach Spaß!«

»Das ist wirklich toll, alles ohne Hilfe – richtig? Damit ist er wirklich ganz weit vorne!«

Tanja nickte wieder.

»Ja, natürlich hat er auch mal was gefragt, aber ich war auch beeindruckt, wie gut er das gemacht hat!«

»Sehen Sie«, wandte der Lehrer sich wieder an die anderen Eltern, »das ist es, was ich versuche, den Kindern zu vermitteln: durch Freude an der Sache das Interesse zu wecken und eigenständig weiterzudenken, als wir es hier im Unterricht tun können!«

Vorsichtig, aber irritiert sah ich zu meiner Frau rüber und schüttelte, als sie meinen Blick erwiderte, leicht den Kopf.

Sie sah mich mit großen Augen an und nickte.

Ich holte Luft, doch ehe ich etwas sagen konnte, drehte sie sich weg und lächelte nach vorne.

Ich beugte mich zu ihr und flüsterte.

»Aber Schatz, das stimmt doch so gar nicht.«

Tanja drückte mich mit ihrer Schulter von sich zurück auf meinen Platz. Ich sah einen Moment geradeaus auf Herrn Schuchhardt, dann kramte ich einen kleinen Zettel aus meiner Jackentasche, auf den ich, wie früher in der Schule üblich, meine Nachricht schrieb: »Das kann man so nicht stehen lassen.«

Ich schob den Zettel unauffällig rüber.

Sie wischte ihn mit der linken Hand zu sich heran und las. Dann sah sie mich streng an.

Ich beugte mich wieder zu ihr und flüsterte, so leise es ging: »Er wird hier als Einziger namentlich gelobt für etwas, das er gar nicht gemacht hat, sondern du.«

Tanja atmete durch, zerknüllte den Zettel und steckte ihn in ihre Jacke. Dann näherte sie sich meinem Ohr.

»Er soll hier eine gute Note kriegen und basta. Ist doch nichts Schlimmes.«

Ich nahm meinen Kopf zurück und sagte ohne Stimme, aber gut lippenleserlich: »Lügen ist wohl schlimm.«

Sie zog die Augenbrauen hoch und kam wieder an mein Ohr.

»Er war ja dabei, es ist also nicht gelogen.«

Eine Mutter hinter uns fragte, ob Fehlstunden nachgeholt werden und wirklich nur sehr selten Hausaufgaben gegeben würden. Die Stimmen wurden dumpf und entfernten sich. Ich sah auf die von Kugelschreiberminen zerkratzte Tischplatte. An einigen Stellen war der Lack ab. »Billi und Bongo« stand da, daneben ein Gesicht mit rausgestreckter Zunge. Mein Puls stieg. Ich saß neben meiner Frau, mit der ich seit über zehn Jahren zusammen war, von der ich annahm, alles zu wissen, mit der ich zwei Kinder hatte –, und es fühlte sich an, als würde die Farbe von den Wänden laufen.

Wäre ich bloß nicht mitgekommen. Dann säßen wir nicht in diesem Schlamassel. Ich hätte die Kinder ins Bett gebracht, wir hätten das Geld für die Babysitterin gespart, und ich hätte gemütlich mit einem Bier auf dem Sofa gesessen und Fußball geguckt. Später hätte Tanja mir erzählt, dass ich so gut wie nichts verpasst hätte, und alles wäre gut gewesen. Dann würde ich mich jetzt nicht so schlecht fühlen.

Hätte, hätte. Wobei hier im Raum wahrscheinlich niemand Tanjas Version hinterfragte.

Ich sah aus dem Fenster. Und plötzlich schoss es mir kalt durch den Kopf: Was, wenn sie nicht nur hier unwahre Geschichten erzählte, sondern auch mich anlog?

Bleischwer drehte sich mein Kopf zurück und starrte wieder auf die Kritzeleien. Hatte ich mich so in ihr getäuscht? Oder täuschte sie mich? Gaukelte sie mir eine heile Welt vor, in der kein Blatt zwischen uns passte, wir fest zusammenhielten, in guten und schlechten Tagen füreinander da waren, und hielt sie mich so in einem Netz aus Lügen gefangen? Bilder unseres Lebens rauschten an mir vorbei. Wer war die Frau?

Ich atmete tief ein. Tanja drehte sich zu mir.

»Alles gut?«

Ich starrte auf »Billi und Bongo«, darunter ein Herz mit einem Pfeil. Alles bröselte in sich zusammen.

Als ich aufsah, war der Klassenraum fast leer, einige Eltern standen im Kreis um die beiden Lehrer vor der Tafel, Tanja zog ihre Jacke über und streckte ihre Hand nach mir.

»Komm, Schatz.« Ihre Stimme klang fremd.

Auf dem Weg zur Tür löste sich der Geschichtslehrer aus der Traube.

»Entschuldigen Sie, aber ich wollte Enno vorhin unbedingt erwähnen, es ist einfach ein toller Ansporn für die Klasse.«

Tanja gab ihm die Hand.

»Ja, kein Problem, vielen Dank.«

»Aber«, fuhr der Lehrer fort, »da er den anderen offenbar so weit voraus ist, würde ich mir wünschen, wenn Enno vielleicht dem einen oder anderen, dem es nicht so leicht fällt wie ihm, ein bisschen unter die Arme greifen könnte. Ich weiß konkret von einem Mitschüler, der gut Nachhilfe gebrauchen kann, und habe auch schon mit der Mutter gesprochen …«

Tanja sah mich mit großen Augen an. Dann nickte sie Herrn Wimmer zu.

»Ja, warum nicht, da werden wir mal mit ihm drüber sprechen.«

Draußen war es dunkel. Tanja wollte sich einhaken, ich zog die Hände aus den Taschen und verschränkte die Arme vor der Brust.

»Siehst du, was du ihm eingebrockt hast, durch deine angebliche Hilfe?«

»Muss man halt jetzt sehen, ich rede mal mit ihm, und dann gucken wir.«

Ich stoppte.

»Hä? Wenn ich mich nicht total täusche, war Enno noch nie gut in Geschichte und soll jetzt Nachhilfe geben, weil du ihn da reingeritten hast!?«

Tanja blieb ebenfalls stehen und sah mich an, sagte aber nichts.

»Ich verstehe nicht, warum du so etwas machst!«

Sie holte Luft.

»Was mache?«

»Lügen!«, rief ich lauter, als ich wollte.

Sie drehte sich halb weg.

»Mann, weil ich ihm helfen wollte! Und da kann ich doch nicht plötzlich vor den anderen Eltern zurückrudern und Enno bloßstellen.«

Ich machte einen Schritt auf sie zu.

»Aber es ist doch nicht nur, dass du jetzt Enno in eine beschissene Situation gebracht hast. Ich sitze da und sehe dich – und weißt du, was ich mich frage?«

Tanja sah mich schweigend an.

»Ich frage mich, ob das vielleicht die echte Tanja ist, die von gerade eben. Und die ist gar nicht immer so ehrlich, wie ich dachte, sondern eine, die vielleicht öfter mal was erfindet. Und auch mich anlügt!«

Sie steckte die Hände in die Taschen.

»Also das ist ja nun Quatsch!«

»Quatsch?«

In meinem Hals pochte es, ich machte einen Schritt auf sie zu.

»Ja, Quatsch! Weil es eine Notlüge war und nichts mit uns zu tun hat, sondern einfach nur … «

Ich unterbrach: »Was ist denn der Unterschied? Lüge ist Lüge.

Es war ja auch keine Not. Und wenn ich sehe, wie du, ohne mit der Wimper zu zucken, die Unwahrheit sagst, dann frage ich mich, warum solltest du das nicht auch mir gegenüber tun?«

Sie sah mich entsetzt an.

»Warum und wo sollte ich das getan haben?«

Ich drehte mich weg.

»Was weiß ich? Ich kann dir nur sagen, dass ich plötzlich an allem zweifele und mich frage, wie wir miteinander wirklich sind. Es steht ja plötzlich alles in einem anderen Licht!«

Sie neigte den Kopf leicht nach vorne.

»Was bitte steht denn in einem anderen Licht?«

»Alles! Ich kann mir doch in nichts mehr sicher sein. Allein in München, als wir bei Franzi waren – ich habe mich immer gefragt, warum du da so schnell ›ja‹ gesagt hast und wir die Kinder von ihrem bekloppten Typen betreut haben, statt einfach in ein Hotel zu gehen. Das kam mir immer komisch vor, aber jetzt macht es Sinn.«

Sie hob die Hände.

»Hä?«

»Wie hä? Vielleicht hatte Franzi bei dir ja noch was gut. Was weiß ich, vielleicht warst du ja damals gar nicht bei ihr, sondern ganz woanders, und sie hat dir ein Alibi gegeben?«

»Wann?«

»Zu der Zeit, bevor Elfie kam, als du so viel gearbeitet hast und angeblich in München bei ihr warst und ich allein mit Enno zu Hause. Vielleicht ist Elfie ja gar nicht mein Kind?«

Tanja erstarrte.

Dann drehte sie sich um und ging.

Ich holte tief Luft und lief hinterher.

»Pfui! Hierher!« Aus dem kleinen Stichweg zwischen den Schrebergärten kam ein Hund auf uns zugeschossen. Das Herrchen riss ihn an der Leine zurück und platzierte den Pudel am leuchtenden Halsband zwischen sich und dem Maschendrahtzaun.

»Sag mal, kannst du dich denn gar nicht benehmen?«

Er strafte den Hund mit einem Blick und sah uns an.

»Entschuldigung. Sie freut sich immer so über Menschen und rennt einfach los.«

Tanja beugte sich runter und streckte ihre Hand dem Hund entgegen.

»Alles gut, ich bin mit Hunden groß geworden, ich kenne das. Du bist ja süß. Wie heißt du denn?«

»Ella«, sagte der Mann und hustete.

Tanja strich ihr über den Kopf und ließ ihre Hand einmal rundherum ablecken.

Der Mann gab Ella ein Leckerli.

»Aus, nicht lecken!« Doch der Hund ließ sich nicht beirren.

»Ja, ich hatte auch mein ganzes Leben Hunde, aber keine war so eigensinnig wie sie. Wir gehen in die Hundeschule, aber das Ziehen will sie sich nicht abgewöhnen.«

Er gab ihr noch ein Leckerli.

»Aus, habe ich gesagt.«

Tanja zog ihre Hand zurück und kam wieder hoch. Ella kläffte und machte Männchen an der straffen Leine.

»Ja, man muss konsequent sein«, fuhr der Mann fort und zerrte sie rückwärts. Ich nickte leer.

Vor wenigen Augenblicken hatte ich das Fundament unserer Ehe in Frage gestellt, die ganze Welt drohte zu zerbrechen, und Tanja tat so, als wenn nichts wäre, und redete drauflos wie immer.

»Ja, die Hunde merken, ob man es ernst meint oder nur so tut als ob.«

»Das können Sie laut sagen«, nickte er Mann.

»Grenzen setzen ist wichtig. Dann hat man seinen Frieden. Man muss immer wissen, woran man ist. Stimmt's, Ella? Na dann, schönen Abend noch.«

Er zog ein Stofftaschentuch aus der Hose und tupfte sich die Nase.

Wir gingen hintereinanderher. Unsere Schatten zogen sich zwischen den Laternen in die Länge und verschmolzen, trennten sich im Zenit, verschwanden unter uns und berührten sich wieder, sobald wir uns von der Lampe entfernten. Auf dem Spielplatz um die Ecke feierten Jugendliche.

»Tanja«, rief ich, »bitte bleib mal stehen.«

Sie verlangsamte ihren Schritt und hielt schließlich an.

Ich suchte ihren Blick, doch sie starrte ins Leere.

»So können wir doch jetzt nicht nach Hause gehen.«

Sie sah mich an.

»Wohin dann?«

Ich rang um Fassung.

»Ich frage mich gerade, wie das alles sein kann, dass wir jetzt hier so sind und ... «

Sie sah starr auf ihre Schuhe.

»Ich frage mich, wie du mir so etwas Ungeheuerliches unterstellen kannst. Wie es sein kann, dass wir es zusammen so weit gebracht haben und dann so ein beschissenes Referat reicht, um so was zu sagen, wie du es gerade getan hast. Das zieht mir echt den Boden weg.«

Ihr lief eine Träne über die Wange.

»Schätzchen.«

Ich machte einen Schritt auf sie zu, doch Tanja wich aus.

»Lass mich.«

Sie drehte sich um und marschierte auf unser Haus zu. Vor der Tür hielt sie kurz an, zog den Schlüssel aus der Tasche, schloss auf und verschwand im Treppenhaus, ohne sich nach mir umzusehen.

Mir war kalt. Alles war leer.

Ich lehnte mich an die Hauswand und sah in den klaren Himmel. Stecknadelkopfgroße Sterne strahlten aus unendlicher Ferne. Sie verschwammen in meinen Augen, wurden größer und größer und flossen hinab.

Es war das erste Mal, seit ich Tanja kannte, dass mir bewusst wurde, dass wir zwei einzelne Menschen waren und Liebe nur zu den Kindern bedingungslos sein konnte.

»BITTE, BITTE, DARF ICH GEIGE?«

Prinzipiell waren Tanja und ich uns einig. Elfie war gerade zehn geworden und damit sogar nach neuesten wissenschaftlichen Erkenntnissen im perfekten Alter, um ein Musikinstrument zu lernen. Diverse Studien belegten, wie sinnvoll es für uns Menschen sei, ein Instrument zu erlernen. Sogar später, im hohen Alter, selbst wenn man schon lange nicht mehr aktiv Musik gemacht hätte, würde das Gehirn noch von dem Unterricht profitieren. Es sprach also eigentlich alles dafür. Elfie hörte gerne Klassik und hatte gerade einen Geigenschnupperkurs an der Musikschule besucht.

»Und du willst wirklich kein Klavier?«, versuchte ich es noch einmal. Doch Tanja wehrte ab.

»Sie soll doch auch im Orchester spielen können, da gibt's, wenn überhaupt, nur ein Klavier, und man kann es ja auch nirgends mit hinnehmen.«

Mit seligen Augen legte Elfie mir eine Broschüre auf den Schoß.

»Ich will bitte Geige, das passt zu mir, das weiß ich jetzt ganz genau!«

»Aber beim Klavier ist doch das Tolle, dass die Töne alle schon sauber da sind, und es gibt auch elektrische, mit Kopfhörer.«

»Schatz, lass sie doch. Denk mal dran, wie sie sich aus der Kokosnuss eine Rassel gebaut hat!«

Ich blätterte durch die Unterlagen der Musikschule.

»Was für eine Rassel denn?«

Tanja nahm Elfie in den Arm.

»Na, die Enno mal zum Geburtstag bekommen hatte. Mit Bohnen drin hat sie sich doch die Rassel gebaut. Sie hatte schon immer mehr Rhythmusgefühl als Enno ... Komm, wir probieren es aus, und wenn es dann doch nicht das Richtige sein sollte, kann sie ja immer noch etwas anderes machen.«

»Ja bitte, Papi! Sag ja!«

Während ich unserer strahlenden Tochter zunickte, dachte ich an meine Schwester.

Es waren zwar gute dreißig Jahre vergangen, aber ich hatte das Geräusch noch im Ohr. Auch das Heulen unseres Hundes.

Fälschlicherweise hatte ich angenommen, er heule, weil sein empfindliches Gehör derartige Töne nicht ertrug. Doch tatsächlich lösen einige für uns Menschen schreckliche Frequenzen (wie Feuerwehrsirenen oder die Violine meiner Schwester) einen Trieb aus, der Hunde heulen lässt, um ihre Zugehörigkeit zum Rudel auszudrücken. Bei ihnen, als Nachfahren der Wölfe, lösen die Schwingungen ein gemeinschaftliches Wohlbehagen aus; während bei mir, als ehemals gebeutelter Kinderzimmernachbar einer mittelmäßig begabten Schwester, alle Alarmglocken schrillten, als unsere Tochter nun verkündete, sie wolle unbedingt Geige lernen.

Mir war meine eigene Begeisterung für das Cello in der dritten Klasse durchaus in guter Erinnerung. Ich konnte den ersten Unterricht nicht erwarten und komponierte gleich an dem Abend, als mein Vater das von einem Musikgeschäft geliehene Instrument mitbrachte, mein erstes Stück. Da ich weder Ahnung hatte, wie die leeren Saiten klingen sollten, sie also auch nicht zu stimmen brauchte, noch Noten lesen oder schreiben konnte, fiel es mir nicht besonders schwer, etwas sehr Schönes für mein Cello und mich zu arrangieren und nach etwa einer halben Stunde meine Eltern zu einem ersten Konzert ins Zimmer zu bitten. Da ich nicht wusste, wo die Finger hingehörten, beschränkte ich Opus 1 auf vier verschiedene Töne, von denen einer im Augenblick, bevor der Bogen wegrutschte, hin und wieder aus einem Nebel an Kolophonium herausquiekste. Überhaupt blieb das Auftragen des Geigenharzes, welches leicht nach Terpentin roch und angeblich Asthma und allergische Reaktionen auslösen und Ekzeme verursachen konnte, meine gesamte Cellistenkarriere das Einzige, was mir Freude bereitete.

Es war mir einfach nicht gegeben, Noten zu erkennen, geschweige denn auswendig zu lernen. »Geh, du alter Esel«, versuchte es mein armer Lehrer immer wieder aufs Neue. Doch ob das »Geh« bei der hohen Saite links am Rand oder der tiefen, direkt an meinem Ohr anfing, konnte ich nicht mit Sicherheit sagen. Das Vibrato hätte mich schon gereizt, doch meine linke Hand war außerstande, bei auf die Saite gedrücktem Finger gleichmäßig hin- und herzuwackeln. Auch bei konzentriertem Üben der für einen gesunden Menschen eigentlich gar nicht so diffizilen Bewegung von oben nach unten rutschte regelmäßig der Stachel des Cellos vom Boden, und ich verlor die Kontrolle über das gesamte Instrument. Es gab zwar eine Haltevorrichtung, bestehend aus einem Holzstück mit Loch an einem Band, welches um das Stuhlbein gewickelt wurde, doch ehe ich das Holz an der richtigen Stelle hatte und dann nach dem rutschenden Loch an der Leine stocherte, drückte ich lieber die Knie zusammen oder versuchte, eine Vertiefung im Boden zu finden.

Wie in jedem richtigen Orchester saß der beste Cellist ganz nahe beim Dirigenten, sozusagen in der ersten Reihe direkt vor dem imaginären Publikum, und der schlechteste, also ich, ganz hinten bei den Trompeten. Dort fristete ich mein Dasein drei Jahre lang, bis mein Lehrer ein Einsehen hatte und mir endlich zur Seite stand und meinen Eltern anbot, das Geld zu sparen und den Unterricht mit mir zu beenden.

Erleichtert brachte ich das nach den vier mühsamen Jahren natürlich zwei Nummern größere Cello zurück zum Geschäft. Nur das Kolophonium behielt ich, ich liebte den Geruch und war sicher, es eines Tages bestimmt für irgendetwas in meinem Baumhaus gebrauchen zu können.

Leider war die Freiheit aber nur von kurzer Dauer, meine Eltern ließen nicht locker, und ich musste mich für ein neues Instrument entscheiden. Mein Vater liebte Jazz und versuchte, mir mit der *Glenn Miller Story* die Klarinette schmackhaft zu machen. Am Ende war es das kleine Köfferchen, das mir die Vorzüge dem Cello gegenüber klarmachte, und ich trat mit frischer Begeisterung beim neuen Lehrer an. Doch die Freude verging mir schon am ersten Tag beim Geschmack des Holzblättchens, welches mit einer dünnen schwarzen Kordel auf ein schräges Loch im Mundstück gebunden wurde, um es einem möglichst schwerzumachen, Luft in das Instrument zu blasen. Die gespannten Lippen pressten und schmerzten, in den aufgeblähten Backen zog und spannte es widerlich. Ich spürte im Gesicht winzige Adern platzen und erzeugte aus der schwarzen Röhre unsagbar schreckliche Töne, welche die gegeigten Melodien meiner Schwester engelsgleich erscheinen ließen. Schon nach der zweiten Stunde war ich mir sicher, mit der Klarinette das schrecklichste aller Instrumente in der Hand zu halten, einzig einer Oboe traute ich zu, durch ihr noch kleineres Einblasloch dem Benutzer größere Qualen zufügen zu können.

Die Erlösung brachte ein Kieferorthopäde, der mein Gebiss mit

Hilfe einer festsitzenden Zahnspange in Form bringen wollte. Er klebte mir quadratische Metallplättchen auf die Zähne und verband diese mit einem Draht, welcher derartige Verschiebungen im Kiefer bewirkte, dass ich mich wochenlang nur von Suppe ernähren konnte. Doch ich genoss jeden Löffel und dankte dem Doktor, mich nicht nur von dem Instrument an sich, sondern ganz besonders dem widerlichen Blättchen befreit zu haben. Noch heute zieht sich in mir alles zusammen, wenn ich eine Holzgabel oder -piekser für die Pommes erwische. Schon beim Anblick schießen mir das Gefühl und der unverwechselbare Geschmack des aus Arundo Donax, einer bambusähnlichen Pflanze, hergestellten, in Speichel aufgequollenen Blattes in den Mund zurück und lässt mich schaudern.

Sollte ich während der Suppenphase je geglaubt haben, damit meine Musikerlaufbahn für immer beendet zu haben, so hatte ich mich leider getäuscht. Meinen Eltern mag inzwischen bewusst gewesen sein, ihren Kindern weder Rhythmus, melodisches Empfinden, Gefühl für Harmonie noch sonstige musische Begabungen in die Wiege gelegt zu haben, doch Herrn Paul, den Leiter unseres Schulorchesters, hielt das nicht ab, mich fortan als Paukist einzusetzen. Da es nur zwei dieser riesigen Kupferkübel gab, konnte ich mein schlechtes Verhältnis zu Noten einigermaßen überspielen. Wobei die Länge des Tons trotzdem schwer zu erraten war. Doch auch damit kam ich einigermaßen klar. Was mich und damit das ganze Orchester zu Fall brachte, war die Schwierigkeit herauszufinden, wann ich überhaupt dran war, meinen Ton zu schlagen. Manchmal waren es ja auch viele hintereinander oder sogar ein richtiger Trommelwirbel. Auch wenn es beim Schützenfest im Fernsehen immer aussah, als rasselten die Holzstöcke wie von Geisterhand ganz einfach rasant und gleichmäßig auf die Trommel nieder und man brauchte sie nur zu lassen, so war es doch tatsächlich ein Albtraum für mich. Ich hatte nur einen oder zwei in dem Stück zu spielen, doch anstelle der »Wirbel« gelang mir nur eine Art »Gerumpel«, ein unregelmäßiges Geklopfe, es klang, als würden auf einer Treppe mehrere Schaufeln umfallen und dabei einige Holzklötze mitreißen.

Noch schlimmer aber war es für mich, wenn Blechbläser und Pauke über einen längeren Zeitraum nicht dran waren, sondern nur die Streicher leise vor sich hinspielten und wir auf den nächsten Einsatz warten mussten. Da konnte es vorkommen, dass ich zum Beispiel hundertzweiundsechzig Takte Pause hatte, bevor ich auf eine der Pauken schlagen sollte. Ich hörte von meinen Sitznachbarn, den Trompeten und Posaunen hinter dem schlechtesten Cellisten, wie man Takte zählte, um zu wissen, wo die anderen gerade in der Partitur sind und wann es bei uns wieder losging. »Eins, zwei, drei, vier, zwei, zwei, drei, vier, drei, zwei, drei, vier und so weiter«, doch da ich leider auch zu Zahlen ein eher schwieriges Verhältnis hatte, war ich spätestens bei »vierzehn, zwei, drei, vier« raus. Ich hatte keine Ahnung, wie ich wieder reinkommen sollte, und blickte zum Dirigenten. Der spürte irgendwann meinen starren Blick und nickte mir aufmunternd und freundlich zu. Doch statt eine Andeutung zu machen, wie viele Takte ich noch warten musste oder wenigstens auf welcher Seite gerade gespielt wurde, schwang er seine Haare nach hinten, holte tief Luft und stach mit seinem Stab von unten in Richtung der ersten Geige. Die war in allem die Beste, und auch Herr Paul schätzte sie sehr, doch so deutliche Zeichen von ihm brauchte sie meiner Meinung nach weniger als ich. Da vom Dirigenten also keine Hilfe zu erwarten war, versuchte ich, mich wieder auf die Zahlen zu besinnen, und guckte nebenbei in den Reihen herum, doch alle starrten auf die Notenblätter, bliesen Spucke aus ihren Instrumenten (manche drehten das Instrument auf den Kopf, öffneten eine Klappe an den Blasrohren und ließen sie daraus abfließen), aber die meisten klopften den Takt auf den Boden. Die Zeit verstrich, ich blätterte vorsichtshalber um und versuchte, etwas in der Musik zu erkennen, was einen Hinweis auf meine baldige Beteiligung geben konnte. Doch da mir nichts an dem Stück bekannt genug vorkam, fasste ich mir ein Herz und beugte mich zu Hans, dem Trompeter links neben mir.

»Wo sind wir?«, flüsterte ich.

Hans drehte seinen Kopf langsam und konzentriert zu mir, klopfte mit der Hand (wahrscheinlich im Takt) auf sein Knie und machte eine undefinierbare Lippenbewegung. Ich zog die Mundwinkel nach hinten und schüttelte den Kopf ein wenig, um anzudeuten, dass ich mir nicht sicher war, was das heißen sollte. Seine Lippen formulierten nochmals stimmlos etwas übertrieben, was ich aber trotzdem nicht entschlüsseln konnte, dann nickte er seinen Kollegen links von sich zu, und sie setzten allesamt zu einer Fanfare an. Im gleichen Augenblick wurde ich vom Dirigenten aufgeschreckt, welcher seinen Stab auf das Pult vor sich schlug und mit hochrotem Kopf und inzwischen vollkommen zerzausten Haaren auf mich zeigte und laut »Tim« rief. Wobei er eigentlich nur »Ti« brüllte, das »m« war nur an seinen Lippen abzulesen. Vor Schreck schlug ich sofort auf beide Pauken ein, was Herrn Paul offenbar dazu brachte, mit beiden Armen einen riesigen Kreis in der Luft zu beschreiben, um dann ruckartig eine Sensenbewegung über unser aller Köpfe zu machen. Schlagartig herrschte Stille. Nur ich trommelte versehentlich weiter und wurde in den Chor versetzt.

All diese eigenen musikalischen Erfahrungen schwangen mit, als mir unsere Tochter strahlend gegenüberstand.

Sie war vollkommen beseelt von dem Schnupperkurs und hatte sich nach langem Hin und Her zwischen Klavier und Geige für Letztere entschieden und auch schon einen Vertrag für den Unterricht mitgebracht.

Tanja, die nie ein Instrument spielen durfte, verstand Elfie nur zu gut und setzte sich sofort an den Küchentisch, um alles auszufüllen. Wenige Tage später holten wir gemeinsam eine winzige Violine ab und schenkten ihr dazu ein herrliches Kolophonium, mit welchem sie den Bogen auf der Rückfahrt rundherum bestrich. Die ersten Geigenstunden machten ihr unendlichen Spaß. Als ich sie jedoch nach einem halben Jahr wieder einmal von der Stunde abholte, nahm mich die Lehrerin zur Seite und sagte, unsere Tochter sei durchaus musikalisch, doch ohne auch zu Hause zu üben, würde sie nicht weit kommen.

Elfie schlug den Geigenkasten zu und starrte während der Rückfahrt stur aus dem Fenster. Sie stapfte vor mir her durch den Hausflur. Vor unserer Tür drehte sie sich um und funkelte mich an. »Okay, ich übe, aber nur wenn Mama dieses bescheuerte Metronom wegschmeißt, ich nie wieder Tonleitern spielen muss und wir im Unterricht auch mal was Cooles spielen, nicht immer nur Etüden.«

Ich öffnete die Tür. »Mein Schatz, ich versteh dich total. Ich hatte auch nie Lust. Darum hab ich von Anfang an gesagt: ›Klavier …‹, da musst du aber mit Mama reden.«

Ich weiß nicht, was die beiden besprochen haben, aber irgendwas muss schiefgelaufen sein, und plötzlich übte Elfie gerne und saß bald im Schulorchester näher am Dirigenten, als ich unserem damals je gekommen bin. Dafür ich hatte das erste Mal seit Jahren wieder einen echten Geburtstagswunsch: Kopfhörer mit Geräuschunterdrückung.

»EINE SCHLANGE WÄRE MEGA, ODER MAMA?«

Enno trat gegen die Wohnungstür.

»Warum?«, rief er mit einer viel zu hohen Stimme für einen 13-Jährigen. Er war noch nicht im Stimmbruch, aber schon fast so groß wie ich. Sein Verhalten erinnerte mich aber hin und wieder an die Zeit in der Kita.

»Warum?«, rief er noch einmal und schlug mit der Hand auf die Kommode am Eingang, in deren oberster Schublade eigentlich nur die Schlüssel aufbewahrt werden sollten, welche inzwischen aber mit Handschuhen und diversem Krimskrams verstopft war.

»Weil ich jetzt arbeiten muss und Mama mit Elfie für die Mathearbeit lernt, darum!«

»Und wo sind die Kacktüten?«

»Gassibeutel!«, rief Tanja.

»Egal, wo sind die?«

»Sag mal, was ist denn das überhaupt für ein Ton?«

Ich stand auf und ging an die Kommode, zog die mittlere Schublade heraus, doch die schwarzen Tüten waren nicht zu sehen.

»Schatz, wo sind denn die Gassibeutel?«

Ich hörte Tanja durchatmen.

»Wo sie immer sind.«

Ich versuchte, die unterste Schublade zu öffnen, doch ein Schal oder Tuch hatte sich verklemmt, und ich konnte nur wenige Zentimeter mit den Fingern hineingreifen.

»Ich finde sie nicht.«

»Unter den Sonnenbrillen in der zweiten Schublade. Ich muss jetzt hier mit Elfie weitermachen.«

Ich hörte, wie sie die Tür schloss.

Tatsächlich waren in allen Schubladen Handschuhe, Schals oder Taschenlampen, aber keine Beutel.

Ich ging in die Küche, holte einen Gefrierbeutel und drückte ihn Enno in die Hand.

»Dann nimm jetzt den, ich besorge morgen neue, richtige Tüten.«

Enno sah mich entsetzt an.

»Ich pack doch nicht die Wurst in so einen durchsichtigen Sack! Da muss ich kotzen!«

»Wie redest du denn? Da wir jetzt nichts anderes haben, nimmst du den. Fertig. So und jetzt mach bitte, der Haufen liegt direkt neben dem Briefkasten.«

Ich ging zurück zu meinem Rechner.

Enno schlug die Tür hinter sich zu. Er meckerte durchs Treppenhaus:

»Mann, ey! Hättest du doch selber machen können.«

Was aber nicht stimmte, denn als Bonnie ihr Geschäft peinlicherweise direkt neben dem Briefkasten verrichtet hatte, musste ich entsetzt feststellen, dass ich gar keinen Gassibeutel dabeihatte. Normalerweise hatte ich in jeder Tasche einen, doch die Jacke hatte ich länger nicht getragen und offenbar vergessen, Beutel nachzufüllen. So stand ich hilflos da und versuchte, die glücklicherweise recht gut geformte schön feste Wurst mit Hilfe zweier Stöckchen aufzunehmen, doch es war unmöglich, sie ins Gleichgewicht zu bekommen. In der Hoffnung auf ein großes fünffingriges Blatt suchte ich nach einem Ahorn, stellte aber zum ersten Mal fest, dass es in unserer Straße nur Eiben und Birken gab. Da ich nicht einmal ein Taschentuch fand und die Wurst auch nicht mit dem Fuß irgendwo hätte hinschieben können, sah ich mich um, ob uns jemand beobachtet hatte. Es war niemand zu sehen, und so ich ging zurück nach Hause, um eine Tüte zu holen und dann Bonnies Geschäft entsorgen zu können. Doch als ich die Wohnung betrat, hörte ich mein Handy auf dem Esstisch brummen, und mir fiel siedend heiß die verschobene Telefonkonferenz ein.

Normalerweise machte Bonnie auch nicht auf den Gehsteig, sondern quetschte sich mit ihrem Hinterteil in eine Hecke oder wenigstens an einen dicken Stein. Obwohl sie sich zur Verrichtung ihrer Notdurft meist selbst an der Leine, so weit es ging, zurückzog und dabei ein ähnliches Schamgefühl wie wir Menschen zu haben schien, übten abgesägte Baumstämme einen ungeheuren Reiz auf sie aus. Sobald sich ein solcher auf unserem Weg befand, verzichtete sie auf jegliche Diskretion und legte ihren Haufen auf den Stamm.

Vielleicht war es der gleiche Trieb, der auch den *West Highland Terrier* meiner Kindheit dazu veranlasste, nicht einfach nur ein Bein am Baum zu heben und dreibeinig zu pullern, sondern sich auf die beiden Vorderbeine in den Handstand hochzudrücken, um dann eine Art Rad zu schlagen und dabei seine Urinmarke wesentlich höher am Baum setzen zu können, als die normale Rüdenpinkeltechnik es erlaubt hätte. Wir gingen davon aus, dass er so sein Image um unseren Block herum aufpolierte und alle folgenden Hunde großen Respekt vor ihm hatten.

Als Mensch mit einer Leine in der Hand danebenzustehen konnte einem sicher peinlich sein. Aber Bonnies wirklich feste Wurst neben einem Briefkasten mit einem Gefrierbeutel aufzuheben, fand ich auch für einen Teenager durchaus zumutbar.

Am darauffolgenden Samstag gingen wir dann seit langem wieder einmal alle gemeinsam in die Stadt. Im Untergeschoss der ansonsten wie immer leeren Shopping Mall gab es einen Tierfutterladen, welcher neben Hundeleinen, Käfigen, Sägespänen und unzähligen Kaustangen aus getrockneter Rinderhaut auch eine ganze Abteilung mit Fischen, Terrarien, Meerschweinchen und Schlangen beherbergte. Wie früher rannte Elfie auf den Glaskasten mit dem Chamäleon zu, während Enno gelangweilt hinschlenderte, eigentlich schon zu cool für diese Welt, dann aber doch fasziniert neben seiner Schwester an der Scheibe klebte.

»Eine Schlange wäre mega, oder Mama?«

Tanja sah Enno angeekelt an.

»Das kannst du wunderbar machen, wenn du eine eigene Wohnung hast.«

»Hä? Wieso darf ich nicht? Tilli hat Kreuzspinnen, und für die Eltern ist es auch okay!«

Enno ging zu den Heuschrecken in der Lebendfutterecke neben den Spitzmäusen.

»Auch voll süß, oder?«

Ich legte ihm die Hand auf die Schulter.

»Wir haben einen tollen Hund, und selbst um den kümmert ihr euch nicht – obwohl das ausgemacht war …«

Enno schlug sich mit der Hand auf den Oberschenkel und drehte sich zu uns.

»Weil, weißt du, wie viel Hausaufgaben ich immer habe! Und dann kommt noch Max zur Nachhilfe, jeden verdammten Mittwoch …«

»Hä?«, unterbrach Tanja. »Die Nachhilfe gebe ich ihm doch!«

Enno hob die Hände.

»Dein Problem! Du hast es mir eingebrockt, obwohl ich Geschichte selbst nicht verstehe!«

»Also ist es kein Argument, mein Schatz!«

Enno drehte sich wieder weg.

»Wow, ja toll, Gassigehen, aber was soll man sonst mit 'nem Hund machen? Bürsten?«

Tanja stellte sich mit Elfie neben uns und deutete auf die Afrikanische Eierschlange, *Dasypelitis scabra,* für 89,99 Euro, welche zusammengerollt hinter einer vertrockneten Wurzel lag und sich niemals in ihrem Glaskasten ausstrecken konnte.

»Was willst du denn mit so einem armen Vieh, da kannst du gar nichts machen!«

Enno ließ seinen fachmännischen Blick über die dreistöckige Batterie von Terrarien schweifen.

»Mit der vielleicht nicht, aber die Ägyptische Sandrennnatter hier kostet nur 19,99, die könnte ich mir selbst kaufen, aber ihr erlaubt's ja nicht.«

Ich sah auf das arme Tier.

»Weil es doch auch keinen Sinn macht. Kümmert euch erst mal um den Hund, den wir haben, Bonnie würde sich freuen und wir auch.«

Elfie löste sich von Tanja und ging zu einem riesigen, dunkelblauen Meerwasseraquarium.

»Aber so was wäre doch auch für euch toll. Oder Mama?«

Zugegebenermaßen war es ein beeindruckendes Becken, und ich erinnerte mich, als Kind mit den gleichen staunenden Augen vor einem ähnlichen gestanden zu haben. Obwohl es *Findet Nemo* damals noch nicht gab, hatte die Farbenpracht der darin lebenden Fische eine ganz besondere Anziehungskraft.

»Aber ich habe euch doch erzählt, wie es war, als ich mein kleines Aquarium zum Geburtstag bekommen habe.«

»Was? Nee, wieso?«, drehte Enno sich zu mir.

»Na, das war vielleicht eine Woche sauber, und dann wurde es immer multschiger, und die Arbeit ging los.«

»Machst du halt neues Wasser rein, fertig.«

Enno ließ die Hand gelangweilt fallen und sah weg.

»So einfach ist das nicht«, entgegnete ich, »erst musst du die Fische fangen und woanders reinsetzen. Oder das Wasser durch einen Schlauch ansaugen und einen Teil ablaufen lassen. Weißt du, wie ekelig das war, diese Brühe im Mund?«

»Siehst du«, kam es beleidigt zurück, »du durftest, und wir dürfen nicht!«

Tatsächlich spielten Tiere in meiner Kindheit eine große Rolle. Während Elfie ihre ersten Erfahrungen mit Haustieren auf dem iPad machte, digitale Hunde mit Wischbewegungen über dem Touchscreen einseifte, durch Draufpusten föhnte und per Mausklick fütterte, hatte ich als Kind in den Pfützen und Feldern der Nachbarschaft gestanden und Regenwürmer, Molche und Blindschleichen gefangen. Wir hatten aber auch keine Wohnung in der ersten Etage, sondern ein kleines Reihenhaus mit einem winzigen Garten. Da spielte sich mein Leben ab, und ich versuchte, alles genauso zu machen wie die Ranger in *Im Reich der wilden Tiere*, der einzigen Fernsehsendung, die ich sehen durfte. Aus Mangel an Antilopen fing ich vom Baum aus mit einem netzbespannten Hula-Hoop-Reifen an einer Angel auf dem Boden sitzende Tauben und ersetzte eine Oase in der Serengeti durch eine mit einem großen Müllsack ausgeschlagene Holzkiste an der Hauswand, die ich mit Wasser aus dem Tümpel um die Ecke füllte und Hunderte Kaulquappen aussetzte.

Doch anstatt dass sich die Quappen auf ihr liebevoll mit Algen und Steinen gestaltetes Habitat beschränkten, machten sie in unerwartet kurzer Zeit eine unglaubliche Metamorphose durch. So lud ich dann die Nachbarskinder nicht wie geplant zum ersten öffentlichen Aquarium unseres Ortes ein, sondern sammelte mit meinen Eltern unzählige, kreuz und quer umeinanderspringende Minifrösche vom Rasen.

Auch sollten wir damals eigentlich keinen Hund bekommen, einzig und allein aus dem Grund, weil mein Bruder angeblich eine Hundehaarallergie hatte. Er schien asthmaähnliche Symptome zu entwickeln, sobald wir bei Freunden, die einen Hund hatten, die Wohnung betraten. Doch da er auch sonst immer wieder nieste und ab und zu hustete, war ich nicht überzeugt von dem Argument meiner Eltern und entschloss mich, sie eines Besseren zu belehren.

Sobald ich in der Nachbarschaft einen der geliebten Vierbeiner traf, streichelte ich ihn ausgiebig, vor allem gegen den Strich, und sammelte das Fell in einer kleinen, früher einmal für die Zahnfee gebastelten Schachtel. Als ich eine gute Handvoll Hundehaare zusammenhatte, verteilte ich diese heimlich unter dem Bettlaken meines Bruders, besonders um das Kopfkissen herum. Und siehe da, er bekam eine heftige Allergie, auch ohne in der Nähe eines Tieres gewesen zu sein. Meine Eltern sahen endlich ein, dass es keinen Grund mehr gab, mir einen Hund zu verwehren, wir holten einen jungen *West Highland Terrier* aus einem Tierheim, und mein Bruder bekam winzig kleine Antihistaminika-Tabletten, welche ihm eine stets freie Nase bescherten. Wir nannten den Westie »Mücke«, und ich war der Gassi-Beauftragte. Beutel gab es damals noch nicht, sondern man ließ die Haufen einfach auf dem Bürgersteig liegen.

»Ich habe als Kind nicht dauernd an meinem Handy gehockt, sondern mich wirklich um die Tiere gekümmert«, versuchte ich, meine Familie nun langsam in Richtung der Kasse zu lenken.

»Wenn ich ein Terrarium hätte, würde ich ja auch nicht mehr am Handy spielen«, versuchte Enno es noch einmal.

»Wenigstens ein Meerschweinchen«, quengelte Elfie.

»Das klingt immer so süß, aber weißt du, was da alles dranhängt? Wenn die nicht draußen leben, wo sie richtig laufen können, dann musst du die Krallen schneiden, die kriegen Läuse, Milben und Flöhe oder irgendwelche Pilze. Und dann fühlt sich eins alleine nicht wohl, dann musst du ein zweites haben und so weiter«, blieb Tanja in unserer beider Namen hart. Wir bezahlten die Gassibeutel und verließen den Laden.

Umso überraschter war ich, als Tanja eine Woche später mit einer Kiste unter einem Handtuch zur Tür hereinkam.

»Kinder, kommt mal in die Küche!«, rief sie aufgeregt und lüftete vor versammelter Mannschaft das Tuch von dem weißen Drahtkäfig, in welchem zwei winzige Vögel eng aneinandergekuschelt auf einer Stange saßen.

Ich sah sie an und schüttelte ungläubig den Kopf.

»Was wird das denn?«

»Oh Mami, du bist die beste Mama der Welt!«, sprang ihr Elfie um den Hals. »Wie cool, was sind das für welche?«

Tanja hielt ihren Zeigefinger an das Gitter.

»Zebrafinken. Die weiße hier, das ist das Weibchen, Silie, und der braun gestreifte, ist Peter, ihr Mann.«

Enno ging ganz nah an den Käfig.

»Wieso haben die schon Namen?«

»Peter und Silie, dachte ich?«, lächelte Tanja mich an.

»Ich fand, das klingt so süß.«

Ich nickte.

Ja, sie waren wirklich niedlich, die beiden Piepmätze, um die sich ganz, ganz hundertprozentig sicher versprochen die Kinder immer und immer kümmern wollten, nicht mal nur so gesagt, sondern wirklich ernst gemeint, auch wenn man mal zum Tierarzt und den Käfig sauber machen muss.

Wir platzierten unsere neuen Familienmitglieder auf dem Fensterbrett in der Küche. Bonnie schnüffelte aus der Ferne und stellte die Ohren auf, als ein erstes, vorsichtiges »Ähhh« erklang. Ich erinnerte, dass Durchzug zu vermeiden sei, und stellte sie lieber neben die Anrichte, mit dem Rücken zur Wand. Als wir uns alle einig waren, hier den besten Platz gefunden zu haben, zogen Enno und Elfie sich eilig an, um Futter und Spielsachen für ihre neuen Schätze zu besorgen.

Am nächsten Morgen war der ganze Küchenboden voller Sand und Körnerhülsen, Peter und Silie zwitscherten wie verrückt umeinander und flatterten von der Schaukel ans Gitter und zurück. Während ich den Staubsauger aus dem Schrank holte, fand Enno in einem Blog für Zebrafinkenliebhaber heraus, dass diese Vögel im Gegensatz zu Wellensittichen nichts mit Spiegeln anfangen können, sondern davon nur nervös werden. Wir nahmen den Spiegel also wieder aus dem Käfig, und Tanja bastelte aus Alufolie eine provisorische Bande gegen den herausfliegenden Sand. Dann kehrte Ruhe ein.

Peter und Silie gewöhnten sich an ihre neue Umgebung, die Kinder entdeckten ihre Freunde, die Handys und Playstation, wieder, Tanja fütterte die Vögel und machte ihren Käfig sauber, während ich, wie gewohnt, die Runden mit Bonnie drehte. Alles war so, wie von Eltern ohne Haustiere prophezeit. Wir fanden uns mit der Situation ab, es ging wie immer seinen Gang, und die Tiere waren den Kindern erwartungsgemäß eher egal, bis eines Tages Elfie schrie:

»Mama, Papa kommt ganz schnell. Silie ist nackt!«

Enno reagierte nicht. Er hatte seine neuen EarPods im Ohr und reagierte wie üblich nicht. Tanja und ich rannten in die Küche. Und tatsächlich saß Silie fast vollkommen nackt und rosa auf der Stange, während Peter aus ihren Federn ein Nest in den geflochtenen Brutkorb baute. Das sofortige Googeln ergab, dass wir eigentlich alles richtig gemacht hatten: Es gab genug Nistmaterial, sie hatten eine Sepiaschale, wir gaben unterschiedliches Futter und sorgten mit Naturstöckchen statt einer glatten Baumarktschaukel für Abwechslung. Alle im Netz genannten Ursachen für unsere nackte Silie konnten wir ausschließen, und da sie auch kein auffälliges Verhalten zeigte, kamen wir zu dem Schluss, dass die Rupfaktion vielleicht in gegenseitigem Einvernehmen zur Brutvorbereitung stattgefunden hatte. Wir beruhigten uns alle wieder und warteten gespannt, ob bald Eier im kuschelig bereiteten Nest liegen würden.

Tatsächlich sahen wir wenige Tage später die rosane Silie nur noch brütend in ihren alten Federn, während der stolze Papa Peter fleißig Körner pickte. Doch statt vermeintlicher Familienidylle zeigte sich die Natur in unserer Küche von ihrer hässlichsten Seite: Als Tanja am nächsten Morgen gerade die Toastbrote herunterdrücken wollte, erstarrte sie beim Anblick von vier toten Vogelbabys auf dem Boden unter dem Nest. Die Kinder weinten bitterlich ob der Tragödie, ratlos, wie es passieren konnte, dass alle vier aus dem Nest fallen konnten. Doch wie sich in den kommenden Wochen herausstellte, war es kein Unfall. Sobald Silies Federn nachgewachsen waren, wurde sie von ihrem Mann gerupft, legte Eier, und kaum waren die Jungvögel geschlüpft, wurden sie aus dem Nest geworfen. Wir verloren alle Hoffnung, und unser einziger Weg aus diesem Albtraum war, dass wir die Killervögel einem Vater aus Ennos Klasse schenkten, der eine riesige Voliere im Wintergarten hatte.

Seitdem konnten wir an keinem Gemüsestand vorbeigehen oder Suppengrün im Supermarkt kaufen, ohne an Peter und Silie zu denken. Gemeinsam mit den Kindern beschlossen wir zu versuchen, fortan so viele Tiere wie möglich in ihrem natürlichen Lebensraum zu beobachten und uns mit ihnen über ihre Freiheit zu freuen. Wir kauften ein Fernglas und legten es auf den Platz, wo der Käfig vorher gestanden hatte. Wer am Sonntagmorgen als Erstes einen seltenen Vogel entdeckte, wurde unser Ornithologe des Tages. Wir liebten Bonnie mehr denn je und haben nie wieder über ein weiteres Haustier gesprochen. Aber egal wie groß die Liebe zu ihr auch war, wann immer wir eines der Kinder baten, Gassi zu gehen, gab es eine neue Ausrede.

»DU WILLST MICH NICHT VERSTEHEN.«

Nach dem Einräumen der Spülmaschine saßen wir bei einem Glas Rotwein vor dem Laptop.

»Ist doch unvorstellbar«, sagte Tanja, »es ist sechs Jahre her, dass wir das letzte Mal allein ohne die Kinder in den Urlaub gefahren sind!«

Ich sah auf.

»Urlaub? Hatten wir noch nie alleine.«

Tanja nahm einen Schluck und grinste in ihr Glas.

»Doch. In München bei Franzi … «

Ich zog die Augenbrauen hoch, »oh, erinnere mich bloß nicht daran …«, und schloss den Buchungsvorgang ab.

Ein paar Wochen später war es dann so weit. Obwohl die Kinder jetzt schon zwölf und vierzehn waren, wurde uns am Tag der Abreise doch etwas mulmig, und bei aller Vorfreude waren wir auch traurig, als das Taxi vor der Tür stand. Wenn man so eng zusammen ist, wie wir es immer waren, fällt es wirklich schwer, einfach so tschüs zu sagen und mit achthundert Stundenkilometern in zehn Kilometern Höhe von den Liebsten wegzusausen, nur um in viertausend Kilometern Entfernung am Strand zu liegen.

Aber wir hatten es geschafft, waren rechtzeitig am Flughafen, kamen zügig durch die Sicherheitskontrolle und standen in der richtigen Reihe, als plötzlich ein Mann mit frischem Fassonschnitt und

Zetteln an Gummibändern vor uns stand und auf meinen kleinen Rollkoffer zeigte.

»Darf ich mal Ihr Ticket sehen?«

Ich öffnete die Wallet-App auf meinem Handy und zeigte unsere Bordkarten.

»Die hier?«

Der Mann nickte, ohne dass sich ein Haar bewegte.

»Ja. Ihr Koffer ist zu groß.«

Er friemelte einen der Zettel aus seinem Bund. Ich wehrte ab.

»Das ist mein Bordkoffer. Mit dem bin ich schon hundertmal geflogen. Der passt oben rein, selbst bei der *Avro*.«

Ich flog immer gerne, und mein Lieblingsflugzeug war eben die besagte kleine *Avro* oder auch der *Canadair Jet*. Man saß zwar etwas enger als in einer *737*, dafür bewegte sie sich sportlicher, ging in engere Kurven, und ich freute mich jedes Mal, wenn der Bus auf dem Rollfeld vor einer der beiden Maschinen hielt. Doch noch während ich sprach, bedeutete mir der Aufpasser, ihm zu einem Metallgestell zur Überprüfung der Koffergröße zu folgen.

»Sehen Sie selbst, wenn Ihr Koffer da nicht reinpasst, ist er zu groß.«

Ich wusste, dass er wusste, dass der Koffer dort nicht hineinpasste und es nicht eine Kontrolle war, sondern reine Demütigung. Trotzdem legte ich aus unerfindlichem Grund meinen kleinen Reisebegleiter auf die vorgeschriebene Öffnung. Natürlich passte er nicht hinein. Die Räder standen hinten über, und an der Seite war er etwa einen Zentimeter zu dick.

»Das ist ein kleineres Fach als normal.«

Ich nahm den Koffer runter.

Mein neuer Feind schrieb irgendetwas auf einen seiner Zettel.

»Wenn der Koffer da nicht reinpasst, muss er abgegeben werden.«

»Das ist ein normaler Bordkoffer. Der heißt extra so. Darum habe ich ihn gekauft und eben auch schon x-mal mitgenommen. Das war nie ein Problem. Nur Sie machen hier neue Regeln und stellen plötzlich ein Gerät auf, das kleiner ist.«

Der Mann drehte sich betont ruhig zu zwei jungen Frauen, denen winzige Rucksäckchen über den Rücken baumelten.

»Alle anderen haben auch kleineres Gepäck.«

Ich deutete auf eine Gruppe Handgepäck, welche wie ein Haufen unschuldig Verhafteter abseits des Schalters stand.

»Andere haben genau das Gleiche mit wie ich. Wer reist denn nur mit einer Zahnbürste?«

»Dann hätten sie unser neues *speedy boarding* buchen müssen.«

Der Mann zog sich das Gummi des Zettels vom Handgelenk und befestigte es am Griff meines Koffers.

»Was hätte ich buchen müssen?«

»*Speedy boarding,* da können Sie größere Teile mitnehmen.«

»Aber … «

Tanja unterbrach und zog mich am Arm. Sie flüsterte.

»Diskutier nicht. Gib es ihm einfach. Lass uns die fünfunddreißig Euro zahlen und fertig.«

»Was?«

Ich drehte mich zu ihr, sprach aber laut genug für den Kofferfetischisten.

»Fünfunddreißig Euro für den kleinen Koffer? Wieso?«

»Dann hätten Sie eine andere Klasse buchen müssen«, sagte der Diktator und suchte hinter uns nach weiteren Opfern.

Meine Frau war immer noch im Deeskalationsmodus.

»Wir wollen Urlaub machen, mein Schatz, den lassen wir uns von so einem Idioten nicht vermiesen. Vergiss es einfach. Okay?« Tanja gab mir einen Kuss auf die Wange, führte mich an den Schalter zum Bezahlen und gab den Koffer ab. Dann legte sie einen Arm um meine Schulter, flüsterte mir ins Ohr »Ab jetzt wollen wir nur noch entspannen«, und zog mich durch den Gang in die Maschine.

In der vorletzten Reihe platzierte sie mich neben sich auf einem Mittelplatz.

»Du guckst ja eh nicht raus, oder Schatz?«

Zeitungen gab es nicht. Snacks und Getränke musste man offenbar kaufen. Tanja hatte sich ein Frauenmagazin mitgebracht, ich hasste diese Airline jetzt schon und studierte sicherheitshalber deren Verhaltensregeln bei einer Notwasserung und fühlte zum ersten Mal in einem Flieger nach der angeblichen Weste unter dem Sitz. Zum Start drückte Tanja meine Hand, doch als die Anschnallzeichen erloschen, entspannte sie sich, schlug die Beine gemütlich übereinander, gab mir noch einen Kuss auf die Wange und schmökerte in ihrem Heft. Ich konnte in Flugzeugen leider nie schlafen. Da ich aber nichts zu lesen hatte, es keinen Monitor gab und der dicke Mann neben mir beide Armlehnen nutzte und schon seit dem Anrollen der Maschine schnarchte, verlagerte ich mein Gewicht ganz auf den linken Arm, stützte mein Kinn in die Hand und versuchte, so eine entspannte oder wenigstens erträgliche Sitzposition zu finden. Doch es zog mir in der Hüfte. Ich friemelte das überschlagene Bein vorsichtig wieder runter und lehnte mich ganz gerade an den Sitz. Offenbar hatten sie nicht nur unfreundliches Bodenpersonal, sondern auch noch weniger Abstand zum Vordersitz, damit man auch die Beinfreiheit extra bezahlt. Da ich durch den Dicken rechts keine Armstütze mehr hatte, legte ich beide Hände auf die Knie und schloss die Augen. Wie beim Autogenen Training, dachte ich.

Aber niemand könnte in dieser Haltung schlafen. Ich versuchte, wenigstens zu dösen und mich auf den Strand und einen Campari O zu freuen. Ich stellte mir vor, das Fluggeräusch wären Wellen, den Campari konnte ich sogar riechen –, bis Tanja mich anstupste.

»Weißt du, was ich wirklich interessant finde? Früher hatten alte Männer immer junge Frauen, und heute ist es oft umgekehrt.«

Tanja blätterte um. Ich schloss die Augen wieder.

»Wie kommst du jetzt darauf?«

»Habe ich gestern im Autoradio gehört – wegen Vivienne Westwood.«

»Wegen was?«

Sie blätterte weiter.

»Die Designerin, in einem Bericht. Die ist seit 20 Jahren mit einem anderen Designer verheiratet, der 25 Jahre jünger ist, sogar vier Jahre jünger als ihr Sohn.«

Ich nahm den Kopf vom Polster und sah zu ihr rüber. Der Himmel hinter ihr war stahlblau.

»Ich weiß nicht, was du von mir willst.«

»'tschuldige, mein Schatz, wolltest du schlafen?«

Ich wies auf den adipösen Nachbarn.

»Wie denn?«

Sie strich mir über die Wange.

»Ach, mein armer Schatz.«

Ich stützte mich auf meine linke Armlehne und beugte mich zu Tanja.

»Also was oder wer war jetzt jünger als was?«

»Ihr Mann. Vier Jahre jünger als ihr Sohn.«

Die Wolken strahlten hellweiß, wie ein Meer aus Watte.

»Wenn ich vier Jahre jünger wäre als Enno, wäre ich zehn.«

Sie blätterte weiter, ohne richtig zu lesen.

»Da würde man mir wenigstens keinen Vaterkomplex unterstellen«, lächelte sie mich an.

»Wieso, wer tut das denn?«

Tanja untersuchte ein Foto im Heft.

»Keiner. Ich wollte auch gar nicht über uns reden, sondern nur sagen, dass ich es total interessant fand, was sie da gesagt haben, nämlich, dass es früher ganz normal war, dass sich junge Frauen alte Männer gesucht haben, damit sie finanziell abgesichert sind und heute, da Frauen oft komplett selbständig sind, ist es umgekehrt.«

Ich holte etwas mehr Luft.

»Und das heißt was?«

Sie schlug das Magazin zwar zu, behielt aber beide Daumen dazwischen.

»Oft haben erfolgreiche Frauen junge Männer.«

Ich wog den Kopf von links nach rechts.

»Oft kann man ja nun nicht sagen.«

Sie nickte.

»Schon öfter. Heidi Klum, Tina Turner.«

Tina Turner hatte ich vor guten 20 Jahren in einem Konzert gesehen. Da war sie sicher schon sechzig, bewegte sich aber wie eine junge Frau.

»Tina Turner ist ja wohl auch was Besonderes, und ihr Mann war bei ihrer Plattenfirma.«

Tanja zog eine Hand vom Heft und strich sich eine Strähne hinters Ohr.

»Susan Sarandon, Eva Mendes, Shakira.«

Es ruckelte, und Tanja griff nach meiner Hand. Da Fliegen erwiesenermaßen sicherer ist, als über die Straße zu gehen, machten mir weder unbekannte Geräusche noch Turbulenzen etwas aus. Ich hatte immer die Augen der Stewardessen im Blick, und solange sie Ruhe bewahrten, fühlte ich mich gut.

»Das sind doch nur so Promigeschichten, du weißt doch nicht, wie es denen wirklich geht.«

Tanja sah aus dem Fenster.

»Natürlich weiß ich das nicht, aber wenn man es mal pragmatisch sieht, ist die Lebenserwartung von Männern vier Jahre kürzer als von Frauen, also ist ein junger Mann besser, wenn man im Alter nicht allein sein will.«

Ich hielt inne.

»Was ist denn das für ein Gedanke?«

»Einfache Mathematik.«

Es ruckelte wieder, und Tanja quetschte meine Hand fast wie bei den Geburten unserer Kinder. Ich atmete den Schmerz weg.

»Weißt du, wie viele Frauen vor ihren Männern sterben?«

Sie starrte aus dem Fenster, vielleicht um weitere Ruckler vorherzusehen.

»Im Verhältnis wenige.«

Indem ich meine Hand in ihrer quasi zusammenzog, versuchte ich, sie aus der Umklammerung zu lösen, ohne abweisend zu wirken.

»Aber wer führt denn eine Beziehung, weil es statistisch pfiffig ist?«

»Wahrscheinlich könnte man sich manche Probleme ersparen.«

Es kribbelte bis in den Unterarm.

»Na, dann mach doch«, ich betrachtete die blutleere Hand und wischte sie zwischen meinen Hosenbeinen trocken.

Tanja sah mich an.

»Ist doch kein Grund, jetzt muffelig zu sein.«

Ich hatte schon, seit wir das Wasser an der Kontrolle abgeben mussten, Durst und sah mich nach einer Stewardess um.

»Ich finde es nur absurd, wie du mir immer wieder vorwirfst, dass ich älter bin.«

Sie kniff die Augen zusammen.

»Ich glaube, das ist mehr in deinem Kopf.«

Da ich keine Stewardess sah, drückte ich den gelben Knopf neben dem Lichtschalter über mir.

»Wenn du schon mit irgendwelchen Promis kommst, kannst du ja auch mal gucken ... – wie heißt der Sohn von dem, der *Barrabas* gespielt hat?«

»Kenne ich nicht.«

Ich sah den Gang nach vorne, hinter uns war nur noch eine Reihe und die Toiletten.

»Na, wer hat *Barrabas* gespielt? Und *Spartakus?*«

»John Wayne?«

»Nee – der andere.«

»Kirk Douglas?«

»Ja! Nein, der Sohn ...«

»Michael Douglas.«

»Genau. Und der ist mit einer viel jüngeren Frau zusammen.«

»Zeta-Jones.«

Da sich nichts rührte, drückte ich erneut.

»Ich weiß nicht, wie die heißt –, aber glaubst du, die sagt ihm immer wieder, dass er älter ist als sie?«

Tanja zog die Augenbrauen hoch.

»Ich glaube, das weiß er.«

Endlich machte sich eine Stewardess aus der *Businessclass* auf den Weg zu uns.

»Du willst mich nicht verstehen«, sagte ich fast schon mehr zu mir, schließlich war es gerade nicht der richtige Moment, um ihr endlich einmal zu erklären, dass es eben nicht so ist, wie einem in unserer Gesellschaft vorgegaukelt wird. Das Gegenteil ist der Fall: Männer würden ganz genauso wie Frauen gerne fit und jung bleiben. Nur die allerwenigsten fühlen sich mit grauen Haaren wohler, und kaum ein Mann findet sich im Alter attraktiver als früher. Und dass es für einen Mann darum genauso belastend ist wie für eine Frau, wenn ihm dauernd sein zunehmendes Alter vor Augen gehalten wird.

Sie öffnete wieder ihr Magazin.

»Ich versteh dich doch.«

Die Flugbegleiterin beugte sich wie zu einem Patienten zu mir herab und schaltete mein gelbes Lämpchen aus, ohne hinzusehen.

»Wie kann ich Ihnen helfen?«

»Ich hätte gerne ein Wasser. Du auch, mein Schatz?«

Tanja nickte.

»Dann zwei Wasser bitte, ein stilles und eins mit Sprudel.«

»Sehr gerne, ich hole sie gleich, das macht dann bitte sieben Euro.«

Ich maß etwa 20 Zentimeter zwischen meinen Zeigefingern ab.

»Ich meinte kleine.«

»Wir haben nur die 0,3er Flaschen, die sind nicht groß.«

Ich spürte, wie sich meine Nase rümpfte, versuchte aber, die Stimme unten zu lassen.

»Sieben Euro für zwei kleine Flaschen Wasser? Danke, dann nehme ich nur ein stilles bitte.«

Die Dame nickte und ging in ihrem engen Rock nach vorne.

Ich sah zu Tanja, die vollkommen in ihr Magazin eingetaucht war.

»Sieben Euro – die spinnen ja, nur weil man hier nicht rauskann.«

»Schatz, wir sind im Urlaub. Genieß es einfach.«

Ich holte Luft.

»Egal. Was ich vorhin nur noch sagen wollte, ich glaube, viele Männer hätten auch nichts dagegen, wenn sie sagen könnten, sie wären mit einer Jüngeren zusammen.«

Sie blätterte wieder.

»Bist du ja.«

Ich sah aus dem Fenster, wie wir unter dem Kondensstreifen einer anderen Maschine durchflogen. Die konnte noch nicht weit weg sein. Tanja versank stoisch in dem Heft. Es nervte mich, dass sie einfach immer davon ausging, es würde mich nicht stören, wenn sie abfällige Bemerkungen in meine Richtung machte. Aber wehe der Spieß wurde umgedreht. Und so konnte ich mir nicht verkneifen zu sagen: »Ich meine nicht nur vom Alter, sondern auch vom ganzen Körper.«

Tanja ließ die Zeitung fallen und sah mich an.

»Sag mal spinnst du? Wir fliegen nach Lissabon, weil wir vor 15 Jahren unsere Hochzeitsreise dahin gemacht haben – und du redest so? Dann lass ich mich da gleich wieder scheiden!«

Ich lachte. Sie stimmte aber nicht ein.

»Nimmst du das jetzt etwa ernst? Ich dachte ehrlich, du kennst mich besser und weißt, dass ich so was nie sagen würde.«

Sie richtete sich im Sitz auf.

»Manchmal weiß ich es ehrlich gesagt nicht.«

Ich strich ihr über die Haare.

»Du hast angefangen und von anderen Frauen erzählt, und ich habe dann von anderen Männern geredet. Alles gut. Und ich denke, ihr Frauen könnt doch froh sein, dass wir euch verehren, weil ihr schön seid. In der Tierwelt ist es andersrum, da sehen die Männer meist toll aus, und die Frauen sind eher unauffällig, das willst du auch nicht, oder?«

Doch ich lief ins Leere, und sie sah aus dem Fenster.

»Vergiss es – ist mir einfach zu doof.«

Ich versuchte, über ihr Bein zu streichen, doch sie schubste meine Hand weg.

»Ich habe ja nicht gesagt, dass es meine Meinung ist, sondern dass Männer so denken könnten«, setzte ich nach.

Sie stützte ihr Kinn auf die Hand und sah in die Ferne.

»Es ist einfach ein total beschissenes Weltbild.«

Da sie sich nicht ansatzweise zu mir drehte, wurde mir der Ernst der Lage klar. Viel zu oft machte ich doofe Witze und versuchte, absichtlich politisch unkorrekt zu sein. Einfach um sie zu provozieren.

Ich ärgerte mich über mich selbst. Nie hatten wir Zeit für uns allein, und jetzt versaute ich den Urlaub schon auf dem Hinflug, nur weil sie dauernd in dem Heft verschwand und irgendwas im Radio gehört hatte und mit mir darüber sprechen wollte, was mich nervte, nicht nur im Flugzeug. Was hatten wir mit Leuten aus dem Fernsehen oder Radio zu tun?

Aber der Ball lag bei mir, ich musste einen neuen Versuch unternehmen, um unsere gerade erst beginnende Jubiläumsreise zu retten. Nur um des Friedens willen versuchte ich also, an das von ihr vorgegebene Thema anzuknüpfen und es dieses Mal wirklich ernst zu nehmen.

»Ich frage mich immer, worüber dann diese Paare reden, die so weit auseinander sind. 20 Jahre oder sogar mehr.«

Tanja war offenbar noch ordentlich geladen, nuschelte aber trotzdem, noch immer mit dem Kinn abgestützt, ohne mich anzusehen, in ihren Handteller.

»Ach, eben findest du mich noch alt und hässlich, und jetzt kommst du mit so was Banalem? Aber schön, dass du dich überhaupt mal was fragst und nicht automatisch alles weißt, ist ja schon mal ein Schritt in die richtige Richtung.«

Ich tat, als hätte ich sie nicht verstanden, und übte Deeskalation.

»Tina Turner und ihren Mann kann man sich vorstellen, die können sich gegenseitig alles Mögliche von Musik erzählen. Sein Opa war ja der Komponist Bach, wusstest du das?«

Langsam drehte sie sich zu mir.

»Was? Johann Sebastian Bach?«

Ich nickte und zog die Schultern hoch.

»Ja.«

»Das ist doch totaler Quatsch! Der ist – soweit ich weiß, irgendwas um 1740 oder 1750 gestorben! Wie soll das denn gehen? Wenn der Mann von Tina Turner vielleicht Mitte der 1950er Jahre geboren ist, wäre sein Opa dann zweihundertfünf oder noch älter!«

Ich winkte ab.

»Na dann ist er der Uropa … «

Tanja kniff die Augen zusammen.

»Nicht mal das – aber egal. Ich habe noch nie gehört, dass er überhaupt mit dem Bach verwandt ist. Weiß du, wie viele Leute Bach heißen?«

»Was weiß ich. Ich dachte nur, es würde eben klarmachen, warum die beiden trotz Altersunterschied immer ein Thema haben.«

Sie sah wieder aus dem Fenster.

»Aber selbst wenn – du erzählst mir ja auch nicht dauernd, was dein Opa gemacht hat.«

Ich überlegte, wie ich anders beginnen könnte, als es mir plötzlich den Magen nach oben zog, eine Frau kreischte schrill, der Flieger sackte schlagartig ab, wir wurden in unsere Gurte gepresst, und Tanja krallte ihre Rechte in meinen Bauch. Panisch sah sie mich an. In der Kabine herrschte Stille, bis es uns mit dem gleichen Ruck wieder nach oben hob.

»Tim?«, flehte sie mich an.

Ich schluckte so ruhig, wie es einem Löwenvater möglich ist.

»Alles gut, mein Schatz, ein Luftloch, das macht nichts.«

Sie vergrub ihren Kopf an meinem Hals und umschlang meinen Brustkorb mit beiden Armen. Ich versuchte, flach zu atmen. Nachdem die Maschine wieder flog, als sei nichts gewesen, begannen Menschen, miteinander zu reden, die vorher nur stumm nebeneinander auf die Rücklehne des Vordermanns gestarrt, am Handy gespielt oder geschlafen hatten. Der Dicke neben mir öffnete nur kurz die Augen, kuschelte sein Doppelkinn auf die eigene Schulter und schlief sofort wieder ein.

Tanja löste sich langsam und sah mich an.

»Wieso lassen wir die Kinder einfach alleine? Das hätten wir nicht tun sollen.«

Ich klappte die Lehne zwischen uns hoch und legte meine Hand auf ihr Bein.

»Deine Mutter ist doch da, denen geht es gut.«

»Aber ich vermisse sie.«

»Ich auch, mein Schatz, aber sie sind auch froh, dass wir mal weg sind und sie nachts das iPad nicht abgeben müssen –, und wir sind auch froh, uns mal wieder zu haben, hm?«

Tanja sah mir tief in die Augen, dann schloss sie ihre und schob die Lippen vor.

»Kuss«, hauchte sie.

»GANS ODER WÜRSTCHEN MIT KARTOFFELSALAT?«

Als Enno und Elfie noch an den Weihnachtsmann glaubten, war es nicht ganz so schlimm. Doch seit beide wussten, wie der Hase lief, fiel es mir immer schwerer, das Fest durch die Augen der Kinder zu sehen. Sobald die ersten Zugvögel aufbrachen, ging es los: Die Tage wurden immer kürzer, und mit jeder Kerze türmte sich die erdrückende Last der tristen Jahreszeit mit all den Feiertagen wie ein Berg täglich mächtiger vor mir auf. Was andere als »heimelig« und gemütlich empfanden, erschien mir einfach nur dunkel und eng. Natürlich freute ich mich auf ein Stück selbst gebackenen Stollen, doch eine Scheibe, der kurze Geschmack des Winters, hätte mir gereicht. Die Aussicht auf wochenlange Plätzchen, Christsterne und einen endlos, jedes Tageslicht abhaltenden Weihnachtsbaum vor dem Fenster stehen zu haben, vermasselte mir eigentlich auch schon das erste Stück.

Einziger Lichtblick war für mich der 21. Dezember, der kürzeste Tag des Jahres. Ab da würde die Sonne jeden Tag ein paar Minuten früher aufgehen, das Tal war durchschritten, und ich bildete mir ein, ganz deutlich dem Frühling entgegenzugehen. Dabei verdrängte ich auf dem Weg zum ersten Krokus allerdings die unzähligen eiskalten, grauen, matschigen, verregneten und immer noch dunklen Tage, die vor mir lagen, und wunderte mich im Februar, wie weit der April doch entfernt war –, und selbst der konnte noch Schnee bringen.

Seit den ersten Religionsstunden glaubte ich nicht mehr an Jesus

Christus als unserem Erlöser, ich hielt es für eine ausgedachte Geschichte wie Nils Holgersson oder Karlsson vom Dach, und dementsprechend nahm ich den 24. Dezember nur als ein Familienfest im Kerzenlicht unter einem abgesägten Tannenbaum mit Spekulatius und vielen Geschenken wahr.

Trotzdem liebte ich die Weihnachtstage, sie waren spannend und unbeschwert. Meine Eltern schmückten heimlich den Baum, wir warteten im Kinderzimmer, zogen uns das beste Hemd an und konnten nicht still sitzen, bis das Glöckchen läutete und wir die Tür zum Wohnzimmer öffnen durften. Da saßen dann unsere Großeltern, es war mollig warm, alles strahlte im Lichte des Baumes und roch nach Heringssalat. Bing Crosby sang *White Christmas,* und mir schlug das Herz bis zum Hals. Rund um die Krippe war der Boden bedeckt mit liebevoll verpackten Geschenken, eine Schale mit erlesenen Weihnachtssüßigkeiten thronte auf dem Couchtisch, und mein Vater machte Fotos. Die Schokoladenkringel zergingen wie Musik auf der Zunge.

Ich konnte mir nichts Schöneres vorstellen.

Zumindest nicht als Kind.

Als ich dann 19 war, nicht mehr zu Hause wohnte, sondern am 24. halb betrunken von meinen Eltern am Bahnhof abgeholt wurde und die Bescherung nur zum Vorglühen für das Treffen mit alten Kumpels nutzte, war der Zauber dahin. Später tat mir meine Rücksichtslosigkeit furchtbar leid, und ich nahm es als Warnung, was an Weihnachten auf mich als Familienvater eines Tages zukommen könnte. Womit ich damals allerdings nicht gerechnet hatte, war, was der Perspektivwechsel noch alles mit sich brachte.

Die entscheidende Veränderung war im Dezember 2003 eingetreten, bis dahin waren wir an Weihnachten zu meinen beziehungsweise Tanjas Eltern gefahren, wo sich die ganze Familie an Heiligabend versammelte. Enno war gerade drei Jahre alt, und Elfie war kurz davor gewesen, laufen zu lernen.

Die Welt wurde damals von den Nachrichten über gefährliche Briefbombenattentate in Atem gehalten, die deutsche Gesundheitsministerin forderte eine Abgabenpauschale für kinderlose Menschen, und meine Schwiegereltern eröffneten uns, dass letztes Jahr das letzte Mal bei ihnen gefeiert worden war. So wurden wir, während wir eh mit den beiden Kindern auf dem Zahnfleisch gingen, etwas früher als gedacht zum Zentrum der Weihnachtsfeierlichkeiten für die ganze Familie, nahmen diese Aufgabe aber trotzdem mit Elan in Angriff. Wir führten die alten Traditionen beider Familien zusammen, schnippelten gemeinsam Heringssalate, machten sowohl Kartoffelklöße als auch Wiener Würstchen und hatten mit Abstand den beeindruckendsten Baum von allen und fusionierten sogar echte Wachskerzen mit Lametta. Doch je älter die Kinder wurden, desto mehr wurde die reine Glückseligkeit von den unterschiedlichen Wünschen, Gewohnheiten und dem Ruhebedürfnis der vielen, aber eben auch recht unterschiedlichen Verwandten verdrängt. Das Fest wurde mit der Zeit immer anstrengender.

Mittlerweile hatten wir schon ein Dutzend Mal das Weihnachtsfest bei uns ausgerichtet. Zwölfmal *Alle Jahre wieder …*

Da Enno und Elfie sich nun nach der Bescherung lieber mit Freunden in der Stadt trafen, und ich versuchte, mich mit Rotwein im Kreise der für mehrere Tage angereisten Verwandtschaft bei Laune zu halten, suchte ich im Angesicht des herannahenden Festes der Liebe eines Nachts Hilfe im Internet.

Ich googlete nach Ratschlägen, Tipps und Tricks, wie wir etwas verändern könnten, um das Fest gemeinsam wieder von seiner schönsten Seite zu erleben und nicht nur genervte Gastgeber dauernd quengelnder Angehöriger zu sein.

Ratschlag Nummer eins klang für mich sehr plausibel, er lautete: »Nicht zu viel zu erwarten.«

Dabei erwartete ich tatsächlich nicht viel, eher gar nichts. Die Tage vor dem Fest und der drohenden Anreise der ganzen Familienmannschaft hatte ich lediglich die Hoffnung, der auf mich zukommende Berg möge mich nicht überrollen, sondern langsam an mir vorbeigleiten. Ich erwartete schon ein paar schöne Stunden, aber vor allem eine drei Tage andauernde Beschallung durch unzählige Videos sozialer Netzwerke auf den beiden Handys des kettrauchenden Schwagers, ununterbrochen redende Nichten inklusive der Belagerung aller Zimmer mit Decken, Kissen und Hunden. Ich versuchte, mir nur ein kleines Eckchen zu schaffen, in welches ich mich gelegentlich zurückziehen könnte, um Kraft für die nächste Runde zu schöpfen. Ich erwartete keine Geschenke für mich, außer dass vielleicht einmal jemand mit mir gemeinsam das Altglas entsorgt. Ich erwartete weder Verständnis für unsere filigrane Kaffeemaschine noch für das neue Sofa. Ich hoffte nur, unser Hund würde nicht auch noch nach der Abreise der Gasthunde glauben, es sei normal, auf dem Sofa zu sitzen, und Tanja und ich würden uns auch weiterhin mit einem Kissen auf dem Boden begnügen.

Ich erwartete wirklich schon seit Jahren nichts.

Der zweite Tipp war, man solle Grundsatzdiskussionen vermeiden.

Das war schwer. Auch wenn ich ohnehin versuchte, ab Ankunft der Sippe meine Ohren auf Durchzug zu stellen, so war es nicht zu vermeiden, den einen oder anderen Gedanken mitzuhören. Für gewöhnlich überließ ich Schwiegervater und Schwager ihren endlosen Auseinandersetzungen über Fehlentscheidungen des Sport-vorstandes ihres Regionalligavereins, hielt mich raus, wenn unsere Geschwister sich gegenseitig ihr Leid über das deutsche Schulsystem klagten oder meine Mutter ihre Liebe zu Aphorismen durch endlose Beispiele belegte. Es reizte mich auch nicht, mich in die Diskussion einzumischen, ob es nächstes Jahr wieder eine Weihnachtsgans oder mal Würstchen wirklich ohne Klöße und nur mit Kartoffelsalat ge-ben solle, weil Raclette ja ausschließlich an Silvester in Frage käme.

Aus zwei Grundsatzdiskussionen konnte ich mich aber, seitdem die eine Tante einen neuen Mann hatte, auch bei bestem Willen nicht raushalten. Erstens, ob etwas, das in der Zeitung steht oder im Fernsehen gesagt wurde, automatisch einen Wahrheitsanspruch hatte und im Parteiprogramm der AfD demnach absolut nichts Ausländerfeindliches zu finden sei. Und zweitens, dass man kei-nen Unterschied schmecken würde, ob der Rotkohl frisch gekocht wurde oder aus dem Glas kommt. Sobald der neu angeheiratete On-kel selbstgefällig die Tür seines aufgemotzten BMW zuschlug, kam eine Grundsatzdiskussion auf mich zu, der ich absolut nicht aus dem Wege gehen wollte.

Die dritte Empfehlung für ein gelungenes Weihnachtsfest im Kreise der Familie besagte, man solle die Arbeit aufteilen. Beim Le-sen hielt ich es für eine vernünftige Idee, warum sollten Tanja und ich immer alles alleine machen. Ich schlug also vor, dieses Jahr Auf-gaben zu verteilen und gemeinsam zu kochen. Tanja sah mich mit großen Augen an.

»Ich glaube nicht, dass du das willst!«

Da sie sich schon länger über die ewige Kocherei beschwert hatte, war ich überrascht. Sie schüttelte den Kopf und legte die Hand auf ihre Brust.

»Natürlich würde ich mich freuen, nicht alles machen zu müssen, wenn andere auch etwas mitbringen. Aber da du schon ausflippst, wenn Tante Helga ein Messer ableckt, habe ich keine Lust darauf, dann wieder zu hören, dass du nichts isst, weil du nicht weißt, wer es gemacht hat!«

Ich hob die Hände.

»Das habe ich hier bei uns noch nie gesagt! Zu Hause finde ich immer was.«

Ihre Augen verengten sich zu Schlitzen.

»Es geht ja nicht nur darum. Glaubst du, ich weiß nicht, dass du jedes Mal, wenn Helga oder ihre Familie zu uns kommen, auf jedes Marmeladenglas extra einen Löffel legst, weil sie sonst ihre Messer ablecken und dann wieder in die Gläser stecken? Hast du schon jemals auf einer Feier irgendetwas anderes gegessen außer den Sachen, die wir selbst mitgebracht haben? Meinst du, auf den Stress habe ich Weihnachten Lust?«

Ich musste zugeben, dass sie nicht ganz falschlag. Es war mir ja auch ein Rätsel, warum ich es ekelig fand, wenn andere Leute mit dem Finger Teig aus einer Schüssel leckten oder zweimal mit demselben Löffel die Soße probierten. Das war schon als Kind so. Mir verging bei dem Anblick jeder Appetit, und obwohl ich versuchte mir zu sagen, dass wir Menschen eigentlich nichts anderes sind als Tiere, die auch alle wunderbar aus einem Napf fressen könnten und sich vor gar nichts ekeln müssten – also warum stellst du dich so an? –, half es nichts, ich konnte nicht aus meiner Haut und war oft schon stundenlang mit knurrendem Magen durch die Stadt gelaufen, nur weil die Bäckersfrau sich mit der Hand den Schweiß aus dem Gesicht gewischt hatte, als ich ein belegtes Brötchen kaufen wollte.

»Gut«, sagte ich, »dann können wir ja vielleicht andere Aufgaben verteilen.«

Tanja drehte sich um.

»Zum Beispiel?«

»Naja«, überlegte ich laut, »auf jeden Fall alles, was mit den Betten zu tun hat …«

»Was?«, unterbrach sie mich, »wenn sie in den Zimmern von Elfie und Enno schlafen oder auch hier auf dem Sofa? Dann will ich doch lieber selber alles wegräumen und wissen, was wo landet –, oder auch darunter mal saugen. Nee, da müssen wir was anderes finden.«

»Und aufräumen? Oder das Geschirr spülen …?«

Sie hob die Arme.

»Bei aller Liebe, aber du weißt doch, wie es ist in einer fremden Küche ist, da steht jeder nur im Weg, und bis ich erklärt habe, wo bei uns die Gabeln liegen, habe ich sie schon zehnmal selber weggepackt.«

»Aber abwaschen?«

»Wir haben einen Geschirrspüler, und da weißt du ja schon nicht, wie man den richtig einräumt.«

Ich horchte auf.

»Bitte? Ich räume ihn meistens um, bevor ich die Spüle anmache, weil du alles so übereinanderlegst, dass das Wasser an viele Teile gar nicht rankann und am Morgen alles zusammenklebt.«

Tanja winkte ab und meinte, die Diskussion hätte keinen Sinn, und da uns keine Tätigkeit einfiel, die wir der Familie in unserer Wohnung mit gutem Gewissen überlassen hätten, beschlossen wir, alles beim Alten zu lassen und einfach weiterzumachen wie bisher.

Einkaufen war traditionell meine Aufgabe, die würde ich nie aus der Hand geben, weil dann erfahrungsgemäß nicht alles besorgt wurde, was wir brauchten, und die Zimmer herrichten konnten auch nur wir. Einzig der Abwasch per Hand kam uns noch in den Sinn, doch da hatten wir beide aus gutem Grund Angst um die Gläser – und damit wären wir auch schon bei dem nächsten Ratschlag aus dem Netz: nämlich nicht zu viel zu essen und zu trinken, einen Tipp, den ich beim besten Willen nicht verstehen konnte. Schließlich war meine einzige Erwartung an Weihnachten, gut und reichlich zu essen und die Tage durch ausgiebigen Alkoholkonsum erträglich zu gestalten. Eine Regel, die besonders Tanjas Bruder und der neue Onkel beherzigten.

Kommen wir also gleich zum fünften Ratschlag:

»Jeder Gast sollte Mitspracherecht haben.«

Diesen Gedanken musste ich mir erst zurechtlegen, um ihn zu verstehen. Wir leben in einer Demokratie und sind froh darüber, doch als Vater hielt ich es immer für angebracht, die Rolle des Familienoberhauptes klar auszufüllen und der Verantwortung nachzukommen. Ich hielt es für durchaus sinnvoll, nicht alles in demokratischen Findungsprozessen langsam entstehen zu lassen, sondern hier und da auch mal eine Entscheidung gegen den Willen der Kinder zu treffen. Tanja und ich waren einhellig der Meinung, nicht die besten Freunde unseres Nachwuchses zu sein, sondern diejenigen, die ihnen eine Richtung vorgaben und gelegentlich auch Grenzen aufzeigen mussten. Warum sollte ich nun an Weihnachten das Regiment in unserer Wohnung abgeben und mit allen Onkels, Tanten, Cousins, Omas und Opas gemeinsam entscheiden, wo der Baum aufgestellt wird? So konnte die Empfehlung nicht gemeint sein. Auch die Frage, was an welchem der Feiertage gegessen werden sollte, wurde normalerweise lange im Vorfeld von den Frauen besprochen, dann aber von Tanja und mir ausgeführt. Wein, Bier und Schnaps kaufte ich ein, und wer wo schlief, legte Tanja fest. Wer in die Kirche gehen wollte, konnte das gerne tun, Tanja, die Kinder und ich jedenfalls nicht. *Drei Nüsse für Aschenbrödel* wurde sowieso jedes Jahr gesehen, anschließend war Fernsehen tabu, da gab es also nichts zu entscheiden. Der Tipp Nummer fünf half mir ebenso wenig wie die Nummer vier.

Ratschlag sechs lautete, man solle ganz offen sagen dürfen, wenn einem ein Geschenk nicht gefällt.

Das fand ich interessant. Das Ritual des Schenkens habe ich in dem Kapitel »Wer braucht bitte fünf Windlichter?« ausführlich behandelt, und ich stellte mir vor, wie der Heilige Abend verliefe, wenn wir alle ehrlich wären. Schließlich wurde ich den Eindruck nicht los, dass es im ganzen Freundeskreis niemanden gab, der zu irgendeiner anderen Gelegenheit so viele Kompromisse machen musste, wie an den drei Feiertagen kurz vor dem Jahreswechsel. Was ja absolut nicht heißen soll, dass alle alles nur schrecklich fanden, ganz und gar nicht, es hatte ja, besonders durch die Freude der Kinder, auch etwas Wunderschönes. Nur waren es sicher nicht die »Drei Tage der Ehrlichkeit«, und ich hielt es für durchaus sinnvoll, unter dem Baum den Mund zu halten und sich lieber über ein blödes Geschenk zu freuen, als auf diesem rutschigen Parkett das Fest der Liebe in ein Schlachtfeld zu verwandeln. Was ja, statistisch gesehen, erschreckend oft geschieht. Angeblich wird zu kaum einer anderen Gelegenheit so viel gestritten wie an Weihnachten. Sicher vor allem aufgrund der Tatsache, dass viel zu wenige Menschen die Ratschläge aus dem Internet befolgen und zum Beispiel eben doch zu hohe Erwartungen haben.

So wie ich als Jugendlicher jedes Silvester die ultimative Party erwartete und regelmäßig enttäuscht wurde, weil in einer großen Gruppe nun einmal nicht alle gleichzeitig auf Knopfdruck ausgelassen und fröhlich sein können.

Den letzten Ratschlag hielt ich für eine weit hergeholte These, wenn nicht sogar für weltfremd: »Weihnachten sei freiwillig, wer nicht dabei sein will, muss auch nicht.«

Wie konnten der Autor oder die Autorin so etwas in den Raum stellen? Zumindest in Deutschland hielt ich es für vollkommen ausgeschlossen, Weihnachten zu entgehen. Man hatte gerade die Sonnenliege reingeholt, da standen schon Lebkuchen in den Supermarktregalen, die Lampengirlanden wurden ja nicht einmal mehr abgenommen, sondern mussten über den Einkaufsstraßen nur noch eingeschaltet werden, wenn der Schokoladenosterhase durch eine neue Folie zum Nikolaus mutiert war. Das *Last Christmas*-Gedudel verfolgte einen auf Schritt und Tritt, und ich fragte mich, wohin man denn bitte verschwinden solle, um an der freiwilligen Veranstaltung nicht teilzunehmen. Auch wenn sie den Rat nur auf die Familienfeier bezogen haben mögen, wurde mir keine Empfehlung an die Hand gegeben, wie ich mich verhalten könne, um das Fest zu verweigern.

Natürlich, dachte ich, gibt es ja eh mindestens eine Zweiklassengesellschaft, die einen, die das Fest bei sich zu Hause ausrichten und auf Gedeih und Verderb dabei sind, bis alle wieder abreisen, und jene, welche einfach nur die Gäste sind. Sie hatten unverhältnismäßig weniger Stress, konnten dafür aber so gut wie nichts entscheiden. Sie hätten allerdings die Chance, abzureisen und so die Zeit zu verkürzen, um zum Beispiel den 26. Dezember ganz in Ruhe bei sich in der Wohnung zu verbringen, was wir, die armen Gastgeber, nicht tun konnten.

Man konnte es drehen und wenden, wie man wollte, da ich aber niemanden kannte, der von seinem angeblichen Recht auf Freiwilligkeit Gebrauch gemacht hatte, dämmerte mir, dass es sehr wohl Menschen gegeben haben mag, die versucht hatten, ihren Familien an den Feiertagen zu entkommen, dies aber ganz offenbar mit dem Leben bezahlt haben mussten, und ich beschloss, weiter mitzumachen wie bisher. Einfach aus Selbstschutz.

Ich legte den Arm um Tanja.

»Oder, mein Schatz?«

Sie gab mir einen Kuss.

»Klar kriegen wir das hin! Da hättest du auch nicht zu googeln brauchen. Da hat man immer Aids, auch wenn es eigentlich nur ein Schnupfen ist.«

Ich machte »Hm«, und sie legte mir ihren Arm um den Hals.

»Mein Schatz, wir wollen es doch schön haben, und wenn du dich ein bisschen am Riemen reißt und es einfach als eine Übung in Toleranz siehst, dann können wir uns doch freuen, so eine Familie zu haben und nicht allein in einer Höhle zu versauern!«

Ich nickte leicht nachdenklich und machte noch mal »Hmh«, aber dieses Mal mit einen »H« am Ende, so dass es zustimmender klang. Und eigentlich war es ja dann auch immer irgendwie schön.

»SINNLOS TOTGESCHLAGENE ZEIT.«

Ich hatte mich gerade gemütlich ins Bett gekuschelt, die Decke um die Füße geschlagen und mich auf die Seite gedreht, als fürchterlicher Lärm aus dem Badezimmer drang. Ich nahm den Kopf leicht vom Kissen, um mit meinem rechten Ohr besser hören zu können. Tatsächlich klang es auch in Stereo nach unserem Föhn. Ich suchte mit der linken Hand nach meiner Armbanduhr, die ich abends immer direkt am Kopfende neben das Bett auf den Boden legte. Früher lag sie natürlich auf dem Nachtschränkchen, doch die Kinder hatten irgendwann angefangen, ihre Bücher und Spielzeuge dort zu stapeln. Seitdem hatte ich Sorge, meine Uhr könnte runterfallen, und deponierte sie daher lieber gleich auf dem Boden. Doch obwohl beide inzwischen mitten in der Pubertät steckten und unser Schlafzimmer nur noch vom Hörensagen kannten, hatte ich die Angewohnheit beibehalten.

Es war kurz vor Mitternacht. Ich konnte mir auf die Schnelle keine Situation vorstellen, warum um diese Zeit ein Föhn eingeschaltet wurde. Keiner von uns arbeitete im Schichtdienst, Tanja wickelte ihre nassen Haare nach dem Waschen seit Jahren ungeföhnt in ein Handtuch, die Kinder schliefen eindeutig, denn sie hatten ihre Handys abgegeben und in der Küche ans Ladekabel gehängt, und der Hund war im Körbchen und konnte den Föhn sowieso nicht bedienen. Ich hatte auch noch nie von einem Föhn gehört, der von allein anging.

Während ich noch überlegte, wie der Lärm, ohne aufzustehen, abzustellen wäre, wurde das Gebläse plötzlich ausgeschaltet. Ich hörte, wie jemand gegen die Wand schlug, und anschließend das Geräusch der Schublade unter dem Waschtisch. Dann kam Tanja aus dem Bad.

»Was machst du?«, fragte ich und versuchte, mich wieder zurück in eine kuschelige Schlafposition zu ruckeln.

»Da war eine Mücke, die habe ich weggemacht.«

Tanja legte sich neben mich, ohne sich zuzudecken.

»Wo gibt's denn jetzt noch Mücken, ist doch viel zu kalt.« Irgendwie lag ich nicht so gut wie vorher.

»Im Bad war eine.«

Sie schaltete ihr Handy aus und legte es auf ihr Nachtschränkchen.

»Und da hast du die Mücke mit dem Föhn totgeblasen?«

Tanja lachte.

»Nein. Sie saß an der Decke, und weil ich nicht wieder hundertmal versuchen wollte, sie mit einem nassen Waschlappen abzuwerfen, dachte ich, ich nehme den Föhn und puste sie weg, bis sie sich unten hinsetzt, wo ich sie mit der Hand erwischen kann. Dann habe ich sie plattgemacht und weggewischt.«

»Hmhm. Plattmachen scheint ja dein Ding zu sein.«

Tanja zog die Bettdecke etwas zu sich, um ihre Beine darunterzuschieben. Sofort wehte es mir kalt bis ans Knie. Ich wollte mich nicht beschweren, trotzdem entwich mir eine Art Stöhnen oder Schmatzen, ich wusste selbst nicht, was das war, schließlich kam der Laut unabsichtlich halb aus meinem Mund und der Nase.

Tanja strich mir über den Arm.

»Du bist doch wohl nicht mehr sauer, dass ich vorhin so oft gewonnen habe ...?«

»Das ist mir egal.«

Wir hatten heute den ganzen Tag Besuch gehabt, und ich wollte eigentlich schlafen. Seit kurzem verabredeten wir uns wieder öfter mit unseren Freunden, die grausamen Anschläge in Paris, *Charlie Hebdo,* die allgegenwärtige Bedrohung durch den IS und die Flüchtlingskrise bedrückten mindestens Europa sehr und hatten bei uns eindeutig mit dazu geführt, dass wir mit unseren Freunden näher zusammenrückten.

»Nach egal sah das aber nicht aus.«

Tanja war offenbar noch nicht müde.

Ich schloss die Augen.

»Ist doch wohl völlig wurscht, wer bei einem Spiel gewinnt.«

Sie kuschelte sich an meinen Rücken.

»Du bist immer sauer, wenn ich gegen dich gewinne.«

Dabei räkelte sie sich wohlig und gab ihrer Stimme einen naiventschuldigenden Unterton.

»Ich tu so. In echt bedeutet mir das gar nix.«

»Na, dann würde es dich aber nicht ärgern.«

»Mich ärgert ja nicht nur, dass du gewinnst – , sondern ich ärgere mich von Anfang an über die verplemperte Zeit.«

Sie nahm die Hand von meinem Brustkorb und drehte sich wieder auf den Rücken.

»Du hast doch Phase 10 ausgesucht!«

»Weil ich alle anderen Spiele noch blöder finde.«

»Aber wenn du gewinnst, macht es dir auch Spaß.«

Ich gewann nur in seltenen Ausnahmefällen, und wenn ihre Mutter dabei war, hatte niemand eine Chance. Auch Tanja nicht, was sie fürchterlicherweise dazu veranlasste, noch und noch eine Revanche zu fordern.

»Ich mache dann halt das Beste aus der Situation.«

»Man kann ja nicht immer nur lesen oder was ...«– Tanja deutete mit den Fingern Anführungszeichen in die Luft – »... Sinnvolles machen.«

Dann verschränkte sie die Arme unter ihrem Kopf.

Ich hatte immer noch die Hoffnung, gleich in Ruhe wegzudösen.

»Hm?«, machte ich müde.

»Einfach mal nix tun, ist doch schön. Wir ackern den ganzen Tag, machen irgendwas für die Kinder oder den Job. Da kann man sich auch mal Zeit nehmen und einfach etwas spielen, nur so weil's Spaß macht.«

Interessant, dachte ich. Da sind wir also gelandet, ein Paar, das sich abrackert, statt voller Lebensfreude gemeinsam einfach Dinge zu unternehmen, die beiden Spaß machen. Statt die Zeit und das pure Leben zu genießen, rauschende Partys zu feiern, Sex zu haben und auszuschlafen, sitzen wir inzwischen zu Hause und machen Brettspiele. Was für ein trauriger Abstieg.

Mein Körper hatte den Einschlafpunkt überschritten, und ich fürchtete, er begann langsam wieder auf Tagmodus umzustellen.

»Ich versteh nicht, wie man Spaß daran haben kann, ob man eine 6 gewürfelt hat oder nicht – oder zwei Drillinge sammelt.«

»Man versucht zu gewinnen und überlegt sich Strategien – das macht doch Spaß.«

Sie war hellwach. Ich gab auf, drehte mich auch auf den Rücken und verschränkte die Arme unter dem Kopf.

»Ja, vielleicht für Leute, die sich nix zu sagen haben …«

»Sagt der, der sich sonst immer beschwert, dass ich angeblich zu viel rede.«

»Ich wäre der Letzte, der sich beschwert, wenn du was Sinnvolles sagst …«

»Bitte?«, unterbrach sie mich.

Ich winkte ab.

»Nein, warte, ich meine, bei einem Spiel redet man ja den ganzen Abend nur über vollkommen ausgedachten Kram, nix Sinnvolles, das mit echtem Leben zu tun hat.«

Sie schwieg, ich redete trotzdem weiter.

»Ja, über was redet man denn? Doch nur über von irgendwem ausgedachte Regeln, wann man welche Figur wo langziehen darf und was man machen muss, wenn man mit einem Holzgnupsi auf einem willkürlich ausgedachten Bild eines Spielfelds steht? Man macht Sachen, die man sonst nie machen würde, das könnte man genauso lassen, und es würde sich nix ändern.«

»Aber alles, was man macht, hat mit dem echten Leben zu tun …«

Sie sah zu mir rüber, weil sie wusste, dass dieses Argument sonst von mir kam. Da es hier aber unangebracht war, ging ich gar nicht darauf ein.

»Aber wenn man jemanden einlädt, um ihm auf einem Pappspielbrett zum Beispiel bei Monopoly Straßen oder Bahnhöfe zu verkaufen oder abzukaufen, ist das doch ein Zeichen, dass man eigentlich nix miteinander anfangen kann.«

Tanja stützte sich auf.

»Hä? Wir haben immer nur mit der Familie gespielt oder jetzt mit guten Freunden …«

»Aber warum soll ich mir innerhalb der Familie eine Strategie überlegen, wie ich gegen jemanden gewinne?«

Mein linker Arm begann zu kribbeln, ich nahm ihn unter dem Kopf hervor und streckte ihn auf der Bettdecke gerade aus, wodurch mein Kopf ein wenig nach links zu Tanja kippte. Sie sah mich verständnislos an.

»Das ist der Sinn vom Spiel … «

»Aber es ändert ja nix – dann gewinnst du halt gegen mich zum Beispiel – und was hast du davon?«

»Es geht doch nicht nur ums Gewinnen, man verbringt gemeinsam Zeit, das ist doch schön.«

Ich fragte mich, wie es kam, dass sie nie ihre Sicht auf die Dinge in Frage stellte, sondern bei jeder Diskussion mein Standpunkt als der definitiv falsche dargestellt wurde. Ich war jederzeit bereit, meine Wahrnehmung oder Einstellung zu hinterfragen, aber wie sie sich und ihre Umwelt oder Familie wahrnahm, war schlicht und einfach richtig, sie hegte nicht den geringsten Zweifel, und ein Gespräch wie dieses schien lediglich den Zweck zu haben, mich wieder auf Kurs zu bringen, um alles so zu sehen, wie sie es tat. Trotzdem versuchte ich es weiter.

»Man verbringt vielleicht gemeinsam um einen Tisch Zeit, will aber währenddessen besser sein als der andere in etwas, das überhaupt keinen Sinn hat, außer den anderen zu schlagen. Eine reine Demütigung, ohne dass der Gewinner etwas davon hat, außer gegen den anderen gewonnen zu haben.«

Tanja stand auf, ging ins Badezimmer und trank einen Schluck Wasser aus ihrem Zahnputzbecher.

»Wenn du besser spielen und gewinnen würdest, dann würde es dir vielleicht auch mehr Spaß machen!«, rief sie.

Ich wechselte die Arme und sah so Richtung Badezimmer.

»Ist doch reine Glückssache.«

Sie stellte den Becher ab und kam zurück.

Mein Bauch kribbelte, wie er es immer tat, wenn mich das Gefühl totaler Verliebtheit überkam. Früher spürte ich es jedes Mal, wenn Tanja vor der Tür stand, ich sie von irgendwoher kommen sah oder wir uns am Frühstückstisch gegenübersaßen. Und bei den Kindern sowieso. Es kribbelt dann einfach vor Glück, mit diesem Menschen hier zu sein. Und tatsächlich war es auch heute nach bald 20 Jahren noch immer so, dass gerade, wenn wir eigentlich uneinig waren oder sogar mitten in einem Streit, es passieren konnte, dass meine Frau bloß vor mir stehen musste: Eine Bewegung, ein Blick konnte das sofortige Kribbeln auslösen und mir einen verliebten Hormoncocktail durch den Körper jagen.

»Dann spiel Schach! Dein Freund Leon würde sich freuen, der hat schon x-mal nachgefragt.«

Sie wurschtelte sich unter die Decke und wischte einen letzten Wassertropfen vom Kinn.

»Schach finde ich schrecklich.«

Sie schaltete ihr Handy aus und legte es wieder auf den Nachttisch.

»Ist kein Glücksspiel.«

»Aber die Denkerei, wer wie wo langgehen darf, geht mir total auf den Zeiger.«

»Das ist ein Spiel für Intellektuelle.«

»Ich hasse das aber, wenn dann einer so überlegen dasitzt und etwas sieht, was ich nicht sehe.«

»Spiel mit Leon, dann wirst du besser … «

Ihr Handy brummte. Offenbar war es doch nicht aus, sondern nur lautlos. Da der Holztisch das Brummen enorm verstärkte, vibrierte jede noch so belanglose Nachricht durch das ganze Bett und weckte mich. Doch egal wie oft ich schon gebeten hatte, es ganz aus- oder wenigstens den Flugmodus einzustellen, es blieb immer empfangsbereit, und sie checkte auch jetzt die *breaking news*. Netterweise steckte sie es danach wenigstens unter das Kopfkissen.

Ich hakte noch mal nach:

»Ich versteh nicht, was du daran nicht verstehst, dass es mir prinzipiell egal ist?«

»Man kann nicht sagen, dass es dir egal ist, wenn du es hasst, dass dir jemand überlegen ist!«

»Ja, beim Schach.«

Schon wieder brummte es, dieses Mal unter dem Kopfkissen.

»Aber wenn du besser wärst, dann wäre es ja nicht so, dann wärst du ja vielleicht überlegen.«

Zu meiner Überraschung schaltete sie es jetzt tatsächlich aus, bevor ich sie darum bitten musste.

»Aber ich möchte doch gar nicht besser werden in etwas, das letztlich total sinnlos ist, weil es zu nix führt. Man kann doch mit seiner Zeit was Besseres anfangen.«

»In deinem Alter wäre ich, ehrlich gesagt, mit solchen Äußerungen vorsichtig.«

In meinem Bauch kribbelte nichts mehr. Dafür stieg mein Puls.

»Hä?« Ich drehte mich deutlich zu ihr rüber.

»Ich weiß nicht, was du mit deiner Zeit viel Besseres machen könntest, als dich geistig ein bisschen fit zu halten –, und das kann man mit Spielen wunderbar.«

Sie schien sich auf dem Rücken in eine Schlafposition zurecht-zuruckeln.

»Bist du mir jetzt geistig überlegen, oder was?«

Ich stützte mich auf meinen linken Ellenbogen und sah sie an.

Sie öffnete die Augen.

»Wann hast du das letzte Mal gegen eines der Kinder im Memory gewonnen?«

»Ich weiß nicht, wann ich das letzte Mal gespielt habe.«

Zufrieden schloss sie die Augen wieder.

»Siehst du, genau dafür ist es gut – du würdest wieder lernen, dich an Sachen zu erinnern.«

Sie sank entspannt ins Kissen.

»Ich bin der Vater einer ganzen Familie, da muss ich ja wohl andere Dinge im Kopf behalten, als unter welcher Karte ein Hase mit einem Besen oder eine Gießkanne ist ... «

»Dann nimm etwas für Erwachsene, *Scrabble* oder *Rummicup* – das spielt man selbst im Altenheim.«

Woher nahm sie diese plötzliche Überlegenheit? Irgendwie lief das Gespräch schief.

»Eben hast du noch über mich geredet – und jetzt übers Altenheim. Den Zusammenhang versteh ich nicht.«

»Egal. Aber man muss auch nicht schlechte Laune verbreiten, wenn andere Menschen Freude an etwas haben und dabei automatisch was für ihren Kopf tun ... «

»Man muss aber auch nicht andere mit reinziehen, nur weil man nix mit sich anfangen kann.«

Mir fiel ein, dass ich meine Tabletten gegen Sodbrennen nicht genommen hatte. Ich ging ins Bad.

»Macht ja keiner. Was machst du?«

»Pille vergessen.«

Früher hatte ich Tüten, aus denen man sich ein Gel in den Mund quetschte, dann brauchte ich jahrzehntelang nichts mehr zu nehmen, aber seit einigen Wochen bekam ich vom Weißwein einen sauren Magen. Ich zerkaute die Tablette und fuhr mit meinen Ausführungen fort, mittlerweile ebenfalls hellwach.

»Also, ich hatte nicht den Eindruck, dass Johannes es wahnsinnig lustig fand, Clea mit einer Stoffpuppe in der Hand ›Sonnenfinsternis‹ als Pantomime vorzuspielen.«

Tanja kniff die Augen zusammen.

»Lass mich noch mal kurz überlegen, wer hat damals am lautesten gelacht?«

Sie lag wieder auf ihren verschränkten Armen und sah an die Decke.

»Da hatte ich wahrscheinlich auch schon einige Bierchen getrunken.«

Ich gab es ihr gegenüber ungern zu, aber ohne Alkohol war Besuch für mich fast nicht zu ertragen. Die Lautstärke, das Durcheinander, überall war jemand.

»Aber du musst zugeben, dass wir einen total lustigen Abend hatten.«

»Dagegen sag ich ja nix. Aber deswegen muss ich Spieleabende ja nicht toll finden. Ich sage einfach, dass es nix anderes ist, als Zeit totzuschlagen.«

Sie sah mich mit bedeutungsschwanger aufgerissenen Augen an.

»Fußballgucken aber auch nicht.«

»Mache ich ja nicht.«

»Wahrscheinlich, weil du jeden Abend nur zappst.«

»Hä? Ich gucke, ob es etwas gibt.«

»Was soll es denn geben, mein Schatz?«

Schon erstaunlich, dachte ich, wie das Wort »Schatz« benutzt werden kann. Ich ging früher davon aus, dass sie das Wort gebrauchte, um auszudrücken, dass ich oder die Kinder etwas ganz Wertvolles seien, doch im Laufe der Jahre konnte es auch sinnentleert daherkommen, wenn nicht sogar bedrohlich oder fast zynisch eingesetzt werden. Oder so von oben herab, wie jetzt.

»Wenn ich etwas Bestimmtes wüsste, würde ich das ja einschalten, weiß ich aber nicht. Darum gucke ich, ob mich irgendwas interessiert, und das schaue ich mir dann an.«

Sie sah mich an.

»Und das wäre was?«

»Keine Ahnung, ich lass mich überraschen. Meist zappe ich nur und merke dann bei der zweiten Runde, dass ich alle Kanäle schon gecheckt hatte, aber nix dabei war, was mich interessiert.«

»Und dann meckerst du gegen die sinnlos totgeschlagene Zeit bei einem Spieleabend?«

Ich überlegte, aber mir fiel keine gute Antwort mehr ein. Es schien aussichtslos. Tanja war Kind einer Tischspielerfamilie, ich nicht. Ich sagte »Wir werden es nicht lösen« und gab ihr einen Kuss. Dann drehte ich mich auf den Rücken, legte beide Arme gerade an meinem Körper entlang und versuchte Autogenes Training.

Beim Einatmen stellte ich mir vor, dass der Atem Wasser wäre und bis hinunter in meine Fußspitzen floss, beim Ausatmen würde er dann alle Verspannungen aus meinem Körper mit hinausnehmen. So sog ich die Luft einige Male in mich hinein, stellte mir alle meine Muskeln und Knochen auf dem Weg vor, hörte es sogar plätschern, doch statt ruhig einzuschlafen, wurde ich nervös. Tanja schnarchte. Sie war mit sich im Reinen. Ich stand leise auf, hüllte mich in unser großes Handtuch und setzte mich mit einem Bier vor den Fernseher, um in Ruhe eine Runde zu zappen.

»DAS NENNST DU FREUNDSCHAFT?«

Erschrocken strich Tanja sich die Haare platt und bedeckte ihr Gesicht. Die Einkaufstüte plumpste zu Boden. Dann holte sie tief Luft und sah mich an.

»Was?« Mir stockte der Atem.

Sie sah stumm geradeaus.

»Schatz, was ist?«

Ich hörte mein Blut in den Ohren rauschen.

Kraftlos glitten Tanjas Arme abwärts. Sie schüttelte ungläubig den Kopf.

»Wir haben Annas Geburtstag vergessen.«

Gott sei Dank, schoss es mir durch den Kopf.

Alles gut, nix passiert, einfach falscher Alarm. Ich holte noch tiefer Luft, als sie es getan hatte, die pfeifende Stille, welche mich schockartig eingehüllt hatte, entließ mich ins Leben mit gesunden Kindern und Hund zurück.

»Mann, oh Mann, oh Mann. Warum jagst du mir denn so einen Schreck ein, für nix und wieder nix?«

Doch statt erleichtert zu antworten: »Entschuldige, mein Schatz, es fiel mir gerade ein, und da habe ich mich so verjagt, aber alles gut«, wich der Ausdruck völliger Verzweiflung dem vorwurfsvoller Verständnislosigkeit, welchem ich im Laufe unseres langjährigen Zusammenlebens schon einige Mal aus heiterem Himmel begegnet war. Ein Blick, der mir signalisierte, nicht, wie gerade noch angenommen, den Hund oder die Kinder aus einer lebensbedrohlichen Situation retten zu müssen, sondern mich.

»Was heißt nix? Anna ist eine unserer besten Freundinnen!«

»Ja«, sagte ich in einem, wie ich fand, beruhigenden Ton. »Aber es ist ihr ja nicht wirklich etwas zugestoßen. Nur du hast nicht dran gedacht und musst jetzt nachträglich gratulieren.«

Schon Tanjas Einatmen verriet mir, dass etwas in meiner Sprachmelodie oder, wie ich dabei geguckt habe, bei ihr nicht die erhofften Saiten in Schwingung gebracht hatte.

»Erstens hättest du ja wohl auch dran denken können, und zweitens ist nachträglich zu gratulieren ja wohl mit das Peinlichste, was einem bei einer guten Freundin passieren kann! Noch deutlicher kann man wohl kaum zeigen, dass man nicht an sie gedacht hat.«

Ich streifte meine Schuhe ab und hob die Einkaufstüte vom Boden.

»Selbst Hannes hat mich letztes Jahr erst am 18. angerufen, das fand ich nicht schlimm.«

Tanja machte Anstalten, die Jacke auszuziehen, verharrte aber mit dem Bügel in der Hand vor dem offenen Garderobenschrank und drehte sich langsam zu mir um.

»Hannes! Dass Hannes sich überhaupt an deinen Geburtstag erinnert, ist ein Wunder! Das kann man ja wohl nicht vergleichen!«

Ich bewegte mich vorsichtig zum Kühlschrank, um wenigstens die Tiefkühlsachen in Sicherheit zu bringen.

»Er ist mein ältester Freund – egal wann er anruft, das ändert nichts. Da spielen doch ein paar Stunden oder Tage keine Rolle.«

»Er ist dein ältester Freund, weil er einfach da war, du hast ihn dir nicht ausgesucht, sondern er wohnte neben euch und hat ein Glas mit verschimmelter Brühe nach dir geworfen.«

Das stimmte, doch was Tanja gerne unterschlug, war, dass Hannes und seine Schwester mit meiner Schwester und mir beste Freunde wurden – und es bis heute noch sind – und er das Glas nur nach mir geschmissen hatte, weil ich am Tag unseres Einzuges diverse Schimpfwörter zu ihm rüberrief und das Glas zufällig griffbereit auf seiner Seite des Reihenhauses neben einem Eimer Bauschutt gestanden hatte. Es war also kein böser Wille, sondern der gesunde Reflex eines Sechsjährigen, sich gegen neue Nachbarn zu wehren.

Während ich versuchte, unser viel zu kleines Gefrierfach so umzuräumen, dass die zwei Packungen Fischstäbchen noch mit hineinpassten, kam mir durch die alte Glasgeschichte der Krankenhausaufenthalt mit Hannes in den Kopf.

Uns beiden sollten die Mandeln oder Polypen rausgenommen werden, und wir lagen in einem Doppelzimmer nebeneinander. Zwar wurde uns der Eingriff mit der Aussicht auf jede Menge Eiscreme zur Kühlung des Halses versüßt, aber ich war so nervös, dass ich alle fünf Minuten auf die Toilette musste. Kaum lag ich wieder im Bett, überkam mich erneut ein fürchterlicher Harndrang, doch es kamen nur Tropfen. Laut Hannes soll ich 14-mal aufgestanden sein, während er im Bett ein Buch las und seelenruhig der OP entgegensah. Er war aber auch zwei Jahre älter als ich und dementsprechend cooler.

Leider wurde Hannes' Vater eines Tages nach Bonn versetzt, es zogen neue Leute ohne Kinder neben uns ein, und ich sah meinen besten Freund nur noch in den großen Ferien.

Inzwischen leitete er ein mittelständisches Unternehmen, und wir versuchten, uns wenigstens Weihnachten bei unseren Eltern zu treffen. Tanja hatte ihn also gar nicht richtig kennengelernt, sondern nur einmal auf einer Durchreise getroffen. Da hatte er angeblich über den Durst getrunken und galt bei ihr nun als Alkoholiker.

Tanja lehnte im Türrahmen. Ich drückte den Kühlschrank zu.

»Er ist aber seit dem Wurf mit dem Glas bis heute der Mensch geblieben, der mich von klein auf am besten kennt, mit dem ich am meisten erlebt habe und der in einer Notsituation immer für mich da wäre. Das ist, finde ich zumindest, ein guter Freund.«

Während ich das sagte, wurde mir selbst erst klar, wie wichtig mir war, jemanden zu haben, der mich wirklich kannte. Und mit wirklich meine ich, voll und ganz, fast ein Leben lang, ungeschminkt in alltäglichen Situationen ebenso wie im Urlaub, voller Freude, Aufregung, Trauer oder Not. Ein Mensch, der mir ebenso zur Seite stehen konnte wie ich ihm, weil wir um das Seelenleben des anderen wussten und aufgrund der gemeinsam verbrachten Zeit mit und für den anderen denken konnten. Jemand, der keine Erwartung an mich hatte, sondern mit mir selbstverständlich verbunden war durch gelebtes Leben. Wie ein tiefer Ozean, der viel zu groß war, um durch Wellen an der Oberfläche in Frage gestellt zu werden.

Tanja fuhr sich durch die Haare.

»Ja, klar, das ist für dich ein Freund. Kann man bestimmt auch so sehen. Aber ihr macht ja nichts zusammen. Ich telefoniere mit Anna bestimmt jeden zweiten Tag, wenn wir uns nicht sowieso sehen. Wir quatschen über die Kinder und was weiß ich was.«

Ich machte den Kühlschrank wieder auf und nahm mir ein Bier.

»Aber im Vergleich zu Hannes und mir kennt ihr euch doch gar nicht wirklich. Höchstens zwei Jahre, seit ihre Tochter in Elfies Klasse gekommen ist. Das ist eher eine Bekanntschaft.«

Tanjas Augen blitzten.

»Wer wann meine Freundin ist, ist ja wohl allein meine Sache.«

Eigentlich komisch, dachte ich. Normalerweise sagt man doch Frauenfreundschaften nach, sie wären ehrlicher und intimer als Männerfreundschaften, bei denen eher Sport und Spaß im Vordergrund stünden. Aber seit es soziale Netzwerke gab, schien der Begriff Freundschaft ohnehin eine andere Bedeutung bekommen zu haben. Eine ungeahnte Inflation an Freunden schwemmte die Handys unserer Kinder und machte auch vor Erwachsenen nicht halt. Natürlich hatte auch ich nicht viele so gute Freunde wie Hannes, sicher waren im Laufe der Jahre einige hinzugekommen, aber nur die wenigsten davon würde ich als wirkliche Freunde bezeichnen, eher als Kumpels.

Auch auf die Gefahr hin, dafür missachtet zu werden, nahm ich einen kleinen Schluck.

»Ja, wie schnell man jemanden Freund oder Freundin nennt, muss jeder für sich selbst wissen. Die Frage ist doch aber, ob du ihren Geburtstag prinzipiell vergessen hast, weil du ihn gar nicht wirklich weißt, eben weil ihr euch noch nicht so lange kennt, oder ob du zwar dran gedacht hast und dann nur vergessen hast anzurufen.«

Tanja wurde offensichtlich heiß, sie riss sich die Jacke vom Leib.

»Was ist denn das für eine doofe Frage? Natürlich habe ich an ihrem Geburtstag dran gedacht, aber dann aus, was weiß ich, für einem Grund nicht angerufen, obwohl ich es vorhatte! Und das ist mir eben eingefallen.«

Ein Ärmel drehte sich auf links, sie kam mit der Hand nicht raus.

»Außerdem steht es im Kalender, du hättest ja auch dran denken können.«

Mit einem heftigen Ruck kam sie frei und pfefferte die Jacke in die Garderobe. Das kannte ich bisher nur von den Kindern.

Ich nahm einen weiteren behutsamen Schluck, um nicht gierig zu wirken.

»Ich gucke nicht in deinen Kalender, wann deine Freundinnen Geburtstag haben, ich bin ja froh, wenn ich die von den Kindern weiß.«

Sie stellte sich wieder in die Tür.

»Das ist ja auch eine tolle Aussage für jemanden, der von sich behauptet, ein guter Vater zu sein.«

Ich schob das Bier beiseite, um sicher einen klaren Kopf zu behalten. Solche Gespräche konnten gefährlich werden.

»Du weißt genau, dass ich das etwas übertrieben gesagt habe, um deutlich zu machen, dass sich wohl kaum ein Mann die Geburtstage von den Freundinnen seiner Frau merken kann – oder will.«

Die beiden letzten Worte waren rausgerutscht, ich bereute sie zutiefst, konnte sie aber nicht zurückholen.

Tanja machte eine sich selbst beruhigende Geste und lenkte erstaunlicherweise ein.

»Ist jetzt ja auch egal. Die Frage ist, wie machen wir das jetzt wieder gut. Ich möchte nicht, dass Anna beleidigt ist oder sich verletzt fühlt.«

Ich freute mich über die gnädige Wendung, nicht wegen zweier Worte ins Kreuzverhör geraten zu sein, und überlegte, die Hand sogar wieder nach der Flasche auszustrecken.

»Wenn ihr echte Freundinnen seid, sollte ein Anruf ja genügen – du gratulierst, und alles ist wieder okay.«

Tanja schüttelte den Kopf.

»So einfach ist das nicht. Anna hat mir mal erzählt, wie sauer sie auf ihre damals beste Freundin war, eben weil sie nicht am Geburtstag angerufen hatte. Mit der hat sie seitdem nichts mehr zu tun.«

Ich stand auf und lehnte mich an die gegenüberliegende Zarge.

»Aber, mein Spatz, daran siehst du doch, was sie offenbar unter Freundschaft versteht! Da musst du dich so oder so verhalten, wie sie es sich wünscht oder vorstellt, um von ihr gemocht zu werden. So jemanden würde ich nicht einmal ›Kumpel‹ nennen. Und weißt du, wie viele sogenannte Freunde sich nur melden, weil dein Geburtstag bei denen im Kalender aufpoppt? Das sieht dann zwar so aus, als ob sie an dich denken, in echt ist es nur eine Erinnerung im Kalender, und sie schicken eine SMS.«

Tanja setzte sich an den Tisch.

»Ja, aber es ist eine nette Geste. Und man zeigt, dass man an jemanden denkt.«

Ich verzog den Mund.

»Ich habe letztes Jahr eine supernette SMS bekommen, von Jörg, und ich dachte, was für ein langer, lieber Text. Was hat der sich für eine Mühe gemacht. Und als ich dann beim Training mit Ulf irgendwann – ich weiß nicht, wie wir darauf gekommen sind – darüber geredet habe, hat er mir genau die gleiche SMS von Jörg zu seinem Geburtstag gezeigt. Es war also nur *copy and paste*. Das ist doch total armselig und hat nix mit liebevollem an wen Denken oder sich wirklich Gedanken machen zu tun.«

»Hm.«

Tanjas Handy klingelte. Sie erstarrte und hielt mir das Display hin. Anna.

»Was mach ich jetzt?«

Sie stand panisch auf.

»Na, geh ran und gratuliere ihr, kannst ja sagen, du warst unterwegs und wolltest nicht aus dem Zug mit ihr sprechen, sondern ganz in Ruhe und hattest sowieso keinen Empfang ...«

Sie sah mich groß an.

»Ach? Du schlägst mir vor, dass ich sie anlüge?«

Ich lächelte und legte den Kopf ein wenig schief.

»Würde ich nie machen. Ich glaube nur, dass sie keine echte Freundin ist, und versuche, es dir leichter zu machen.«

Tanja ging in den Flur.

»Hallo Süße«, hörte ich sie noch sagen, dann schloss sie die Badezimmertür hinter sich. Ich räumte die restlichen Einkäufe aus und durchforstete den Kühlschrank nach Inspiration. Es war auffällig still in der Wohnung. Ich fragte mich, wo die Kinder eigentlich waren. Anscheinend beide weg. Ich entschied mich, ein Stück von der feinen Zervelatwurst abzuschneiden, um wenigstens irgendwas zu essen, da kam Tanja auch schon zurück in die Küche.

»Und?«

Sie steckte das Handy in die Tasche.

»Was isst du da?«

»Wurst.«

»Einfach so, ohne Brot?«

»Als Snack. Was war jetzt? Hast du gratuliert?«

Sie sah in den Kühlschrank.

»Sie hat erst morgen.«

»Was?«

Tanja lächelte.

»Sie hat morgen. Und wollte mich einladen, mit Biggi, Conny und Shiva einen Mädelsabend zu machen.«

»Na siehst du, dann ist doch alle Aufregung umsonst gewesen.«

Sie öffnete einen Vanillejoghurt und leckte den Deckel ab.

»Das klang alles so aufgedreht und … Ich weiß nicht, mit Shiva und denen habe ich eigentlich keine Lust.«

Joghurt war eine gute Idee, ich nahm mir auch einen und setzte mich zu meiner Frau.

»Wieso nicht?«

Sie löffelte vor sich hin.

»Das ist alles so – irgendwie nicht meine Welt. So oberflächlich.«

»Hm.« Ich nickte beeindruckt.

»Wo sind die Kinder eigentlich?«

Tanja zog den Löffel genüsslich aus dem Mund und grinste mich an.

»Elfie hat doch bei der Geigenlehrerein Generalprobe für das Konzert, und Enno habe ich mit Nic ins Kino gebracht. Ich dachte, ein Abend nur für uns beide wäre doch auch mal wieder schön.«

Ich hatte mit allem gerechnet, aber nicht damit. Noch vor wenigen Augenblicken schien es hier äußerst ungemütlich zu werden, und jetzt saßen wir einträchtig zu zweit am Küchentisch. Es ist schon toll, wie man sich manchmal täuschen kann, auch in seiner eigenen Frau.

»ALSO DANN: SCHÖNES WOCHENENDE!«

So etwas hatte ich noch nicht gesehen. Ein Haufen auf links gekrempelter Hosen ergoss sich vom Stuhl vor die Treppe des Hochbetts, Socken verteilten sich über den Boden, ein Joghurtdeckel gammelte unter dem Schreibtisch. Auf dem Fensterbrett lag ein Arsenal griffbereiter *Nerfs,* die galaktisch aufgerüstete Form der alten Spielzeuggewehre mit Schaumstoffgeschossen. Unser ausrangierter Monitor dominierte den Schreibtisch, davor pulsierte eine Tastatur samt Maus in Neonfarben, all unsere vermissten Ladekabel schlängelten sich durch herumliegende Schulhefte an Chipskrümeln vorbei in die Steckerleiste am Fuße eines riesigen Teddys aus Kindertagen. Es roch wie die Umkleidekabine einer Turnhalle. Verstört schloss ich die Tür und ging zu Tanja in die Küche.

»Weißt du, in was für einem Saustall der lebt?«

Meine Frau setzte den Wasserkocher auf und lächelte.

»Frag mal deine Mutter, wie es bei dir früher ausgesehen hat.«

Ich erinnerte mich sehr gut an mein Kinderzimmer. Aber nicht in einem solchen Zustand. Natürlich hatte ich den Ruf »Erst Zimmer aufräumen« noch im Ohr, aber ich war mir sicher, von der Müllhalde unseres Sohnes war das unordentlichste Zimmer meiner gesamten Kindheit Lichtjahre entfernt. Doch es war Samstag, ich hatte eine anstrengende Woche hinter mir und weder Kraft noch Lust, heute ein Exempel zu statuieren, sondern freute mich darauf, das Wochenende ohne Termine in Ruhe mit der Familie zu verbringen.

Im Gegensatz zu früher barg das Wochenende ja inzwischen tatsächlich die Chance, gemütlich zu werden. Die Kinder schliefen aus und standen nicht mehr um sechs Uhr morgens mit einer Handvoll Playmobilfiguren an unserem Bett. Elfie las gerne dicke *Fantasy*-Bücher, in denen sich gewöhnlich ein Alien oder Untoter aus einer anderen Welt zu den Menschen verirrte, dort verliebte und seine Unsterblichkeit aufgab, während Enno es genoss, die zwei schulfreien Tage vor der Xbox zu sitzen und arme Menschen ins Jenseits zu befördern. Seit er wegen des strengen Trainers die Lust am Fußball verloren hatte, fielen die samstäglichen Fahrgemeinschaften zu nicht enden wollenden Turnieren am Rande zugiger Industriegebiete umliegender Kleinstädte weg, und ich hatte das erste Mal das Gefühl, die Verabschiedung »Schönes Wochenende« ernst nehmen zu können.

Früher hatte ich es für eine nicht erfüllbare Floskel gehalten, schließlich kannte ich zu Kindergartenzeiten kein einziges Elternpaar, dem das Wochenende nicht anstrengender erschien als die Woche. Ausgenommen natürlich die Mütter oder Väter, die während der fünf Arbeitstage aus dem Haus waren, bevor die Kinder aufstanden und erst zum Abendbrot wieder zurückkehrten. Nur derart unverbrauchte Eltern freuten sich darauf, am Wochenende nicht an die Arbeit denken zu müssen, sondern stundenlang auf dem Boden hockend nach der Frisur oder dem Schwert eines Legomännchens suchen zu dürfen und dabei Conni-Geschichten oder Rolf Zuckowski zu lauschen. Menschen wie Tanja und ich aber, die viel zu Hause waren und daher den Kindern immer verfügbar erschienen, hatten das jeden Tag machen müssen und sich danach gesehnt, einmal am Wochenende Ruhe und Zeit für sich zu haben.

Das war zwar seit geraumer Zeit immer öfter der Fall, Elfie und

Enno hatten inzwischen fast ihr eigenes Leben, aber stattdessen kamen jetzt Menschen zum Spieleabend.

Es läutete, ich sah Tanja an.

»Wartest du auf ein Paket?«

Sie schüttelte den Kopf, nahm den Wasserkocher runter und ging zur Wohnungstür.

»Hans und Christiane kommen auf einen Sprung vorbei.«

Ich hoffte, sie wollte mich nur ärgern, steckte aber vorsorglich das T-Shirt in die Hose. Doch da Tanja einfach den Summer drückte, ohne zu fragen, wer da sei, schien es kein Scherz zu sein. Eine Wolke zog auf.

»Wusste ich nicht, hattest du nicht gesagt. Wo sind die Kinder überhaupt?«

»Elfie hat doch bei Esra geschlafen und kommt gegen Mittag, wenn die zum Hockey fahren, und Enno ist auf dem Klo.«

Ich ging zum Bad. Die quer stehende Einkerbung inmitten des Türschlosses verriet mir schon von weitem, dass abgeschlossen war. Ich blieb vor der Tür stehen.

»Enno? Alles okay?«

»Ja, was denn?«

»Ich wusste nicht, dass du auf dem Klo bist – das ist ja schon ewig.«

»Da kann ich nichts für.«

»Ich sag ja nichts, hoffe nur, dass du dein Handy nicht dabeihast.«

»Äh, nein … «

Wir wussten beide, dass das nicht stimmte, und es ärgerte mich, wie egal ihm das war.

»Schatz? Kommst du?«, hörte ich erst Tanja, dann eine fremde Stimme »Hallo« sagen. Ich hielt im Gästebad meine Hände unters

Wasser und fuhr mir durch die Haare. Warum heute Besuch vorbeikommen musste, war mir ein Rätsel.

Ich war ein Ausgelieferter in der eigenen Wohnung.

Trübe trocknete ich die Hände an der Hose, riss mich zusammen und ging in die Küche.

»Hallo, ihr zwei! Kaffee? Tee?«

»Ich bin schon dabei«, lächelnd drückte Tanja die Taste für einen Latte.

»Na, warst du joggen?«

Ein Mann lehnte am Kühlschrank und lachte. Das musste Hans sein und angeblich ein Freund von uns. Die dazugehörige Frau zog sich gerade die Jacke aus. Ich strich mir über die Stirn.

»Nee, ich kam nur nicht an die Bürste, Enno ist im Bad, und da hab ich eben einfach so …«

Die Frau hängte ihre Jacke mit einer Hand um die Ecke an den Haken, ohne die Küche zu verlassen, und zog die Augenbrauen hoch.

»Da komm mal zu uns, ich habe manchmal den Eindruck, Jenny wohnt im Bad.«

Ich fragte mich, ob Tanja diese Verabredung getroffen hatte. Im Kalender stand nichts, wir hatten nie darüber gesprochen, und ich dachte, wir wollten ganz gemütlich einfach so in den Tag hinein frühstücken, vielleicht sogar noch mal ins Bett – doch ehe ich mich versah, saß Tanja gemeinsam mit Hans, Christiane und deren Parfum am Küchentisch.

»Auf einen Sprung vorbei« bedeutete anscheinend nur für mich: kurz rein und schnell wieder raus, in jedem Fall aber ohne Hinsetzen. Demzufolge blieb ich stehen.

Christiane redete noch schneller als Tanja, und Hans hörte offenbar gerne zu. Er lachte und erfreute sich seines Lebens, während die zwei unerwarteten Menschen und der Sauerstoffmangel mich immer näher an das Küchenfenster trieben.

Wir erfuhren, dass Jenny über 80 verschiedene Nagellacke hortete und selbstdesignte Muster auf YouTube stellte, dass sich ihre 16-jährigen Freundinnen die Lippen aufspritzen ließen und angeklebte Wimpern hatten und wie das Familienbadezimmer zum *Beautytempel* der Tochter avancierte. Obwohl es mir egal war, was die beiden von uns dachten, war ich Tanja dankbar, dass sie sich nicht hinreißen ließ, im Gegenzug zu erzählen, dass Enno nur Stunden im Bad zubrachte, weil er auf dem Klo saß, keinen Gedanken an sein Äußeres verschwendete und wir froh waren, wenn er wenigstens nach dem Fußballtraining einmal duschte, sondern auch sie eine wirklich gute Zuhörerin abgab.

Als endlich alle Eigenarten der pubertierenden Tochter verbraten waren und jeder normale Mensch aufgestanden und gegangen wäre, erstickte Tanja mit ihrer ersten Frage meine Hoffnung im Keim und erkundigte sich nach dem Umgang von Jenny mit ihrem Handy und welche Regeln bei ihnen galten. Hans bestellte den dritten Kaffee-Latte, Christiane liebäugelte mit dem offenen Prosecco. Dann zog sie theatralisch ein Handy aus ihrer Handtasche. Tanja schlug sich eine Decke um die Beine, und weiter ging es.

»Das habe ich einkassiert. Das steht mir sonst wo, dieses dauernde Handy.«

Wie auf Knopfdruck ließ Hans sein Lächeln fallen und meldete sich zu Wort: »Wieso, was war los?«

Dann führte er den Kaffee an den Mund.

»Es kann ja einfach nicht sein, dass nichts mehr geht ohne das Ding in der Hand, gar nix mehr.«

Hans antwortete, bevor er fertig geschluckt hatte, und klang ein bisschen wie Kermit der Frosch.

»Ich glaub, das ist nun mal so heute.«

Er schien selbst erschrocken über die ungewohnte Stimme, suchte es zu überspielen und sah Tanja und mich auffordernd an, doch Christiane erwartete keine Reaktion unsererseits, schien auch den komischen Klang seiner Stimme nicht wahrgenommen zu haben und redete einfach weiter.

»Ich habe ewig nichts gesagt, aber ich möchte, dass sie irgendwann mal mit der Schule fertig ist und nicht nur tausend YouTube-Videos auswendig nachtanzen kann.«

Hans sprach wieder normal: »Mir hat sie gestern gesagt, dass sie alle Hausaufgaben erledigt hat.«

Seine Frau sah ihn mit großen Augen an.

»Hast du auch gesehen, wie?«

Er schüttelte den Kopf und sah mit geschlossenen Augen auf den Tisch.

»Sie ist 15. Wenn sie's sagt, wird's ja wohl stimmen.«

Christiane schüttelte ebenfalls ihren Kopf.

»Sie macht, wenn überhaupt, nur das Nötigste.«

Er öffnete die Augen wieder und leerte seinen Kaffee-Latte.

»Reicht doch.«

Christiane hielt Tanja wortlos ihr Proseccoglas zum Nachfüllen hin.

»Das ist ja wohl ein bisschen einfach! Es geht auch gar nicht nur um die Schule – es kann einfach nicht sein, dass sich alles nur noch auf dem Handy abspielt –, weißt du, wie unglücklich das die Kinder macht?«

Hans wischte einen Krümel mit dem Zeigefinger vom Tisch und

steckte ihn in den Mund, als wäre es seine Wohnung und er hätte vorher an diesem Platz gegessen.

»Sie ist ja in dem Sinne kein Kind mehr.«

Christiane zeigte aus dem Fenster.

»Es gibt Studien, die sehr klar zeigen, dass Kinder und Jugendliche, die mehr Zeit an irgendeinem Bildschirm verbringen, unzufriedener sind als die, die nur ganz begrenzten Zugang haben.«

Tanja stand auf und schenkte den letzten Schluck aus der Flasche nach. Dann kuschelte sie sich wieder in ihre Decke und sah mich an. Wie im Theater, wenn sie mir bedeutete: »Hör gut zu, damit du nichts verpasst.«

Ich holte tief Luft, verschränkte die Arme und überlegte, was ich alles mit Tanja an diesem Samstagmorgen, unbehelligt von den Kindern, hätte machen können. Wehmütig betrachtete ich ein beginnendes Loch in meiner Socke.

Hans sah mich an, als wären wir ein Team.

»Das wird sie ja merken –, wenn sie unzufrieden ist, macht sie halt was anderes.«

Verzweifelt nahm Christiane einen Schluck.

»Du willst es dir nur einfach machen.«

Hans ließ die Hand kraftlos sinken.

»Sie ist fast erwachsen, was soll ich sie da bevormunden, es ist ihr Handy, und wenn sie es nicht packt, muss sie eben eines Tages Steine klopfen. Aber du kannst sie doch nicht aus ihrer Gruppe ausschließen.«

Das war Tanjas Stichwort. Sie richtete sich auf und sah erst mich an und dann Christiane. Das war ihr Lieblingsthema, wir hatten schon stundenlang darüber diskutiert, doch da es keine Lösung gab, drehten sich die Gespräche gewöhnlich im Kreis, um dann ergebnislos beendet zu werden. Jetzt richtete sie die Frage an Christiane.

»Wer ist denn ›die Gruppe‹? Weißt du wirklich, mit wem sie da auf irgendwelchen Seiten in Kontakt ist?«

Hans löffelte die letzten Milchschaumreste vom Boden des Glases und sah mich derartig auffordernd an, dass ich mich gezwungen fühlte, auch etwas zu sagen.

»Meine Eltern haben auch nicht alle meine Freunde gekannt.«

Tanja drehte sich mit zugekniffenen Augen zu mir.

»Die wohnten aber in der Nachbarschaft, und du bist zu deinem Freund Chrischi mit dem Bonanzarad gefahren – die sogenannten Freunde von Enno heißen ›Bostikop3000‹, sitzen irgendwo im Keller, und ich glaube nicht, dass er einen von diesen – meiner Meinung nach wildfremden – Menschen schon in echt getroffen hat.«

Mein Zuschauerstatus war dahin.

»Aber was spielt er denn mit dem oder denen, dass es einen Grund gibt, sich Sorgen zu machen?«

Tanja wickelte sich aus der Decke und griff nach ihrem Wasserglas.

»Siehst du ja, was er sich alles runtergeladen hat, *Panzer Rush, Empire* sonst was, *World of Combat,* das ist doch ein einziges Gemetzel in dem Handy.«

Hans stand auf. Reflexartig stieß auch ich mich von dem Fensterbrett ab. Ich witterte die Chance, so seinen Impuls zu verstärken, welcher die beiden vielleicht wieder zur Tür und hinaus in die weite Welt befördern könnte. Doch Pustekuchen. Er hatte eine Cordhose an und verschränkte die Arme ebenso wie ich und lehnte sich an die Wand. Ich wusste gar nicht, dass es solche Hosen noch gab.

»Sind das nicht Strategiespiele?«

Vielleicht war er Lehrer.

Tanja erhob sich ebenfalls, sah in den Kühlschrank, schloss ihn aber, ohne etwas herauszuholen. Sie setzte sich wieder und sah Hans an.

»Was denn für eine Strategie, bitte?«

Hans hielt sein Glas mit der Öffnung nach unten hoch über den Mund, offenbar in Erwartung eines allerletzten Milchschaumtropfens. Mit herausgestreckter Zunge sagte er: »Muss man da nicht irgendwas bauen oder kriegen?«

Dann wischte er sich mit dem Handrücken über die Lippen.

»Apropos Spiele. Hättet ihr nicht Lust, mal zu einem Spieleabend zu uns zu kommen? Siedler von Catan oder so?«

Ich hustete und sah zu Tanja.

»Du, im Moment ist bei uns mit Terminen schwierig ..., da müssen die Frauen vielleicht mal ... Ich bin ja mit Spielen auch nicht so ...«

Er winkte ab.

»War ja nur ein Vorschlag.«

Ich nickte und sog meine Lunge voll.

Mir fiel nicht ein, woher wir die beiden überhaupt kannten. Aber offenbar fühlten sie sich in unserer Küche wohl.

Tanja setzte den Wasserkocher wieder auf.

»Das war früher, da hatte er einen Bauernhof oder einen Zoo.«

Ich lehnte mich zurück ans Fenster. Aber einfach stehen zu bleiben, in der Hoffnung, das Gespräch würde verenden, machte keinen Sinn mehr, der Vormittag war hin. Vielleicht könnte ich durch eine geschickte Gesprächslenkung ja ein schnelleres Ende herbeiführen. Ich wendete mich zu Tanja.

»Das macht doch auch die Frau von dem Dings.«

Sie sah mich verständnislos an.

»Von wem?«

»Na, die sich gerade getrennt haben …«

Tanja runzelte die Stirn.

»Tina und Olli?«

Ich sah die ungeladenen Gäste an.

Christiane drehte sich zu Hans.

»Wer ist das denn noch?«

Hans zuckte nur mit den Schultern und blickte zu mir.

Tanja schüttelte den Kopf und sah uns der Reihe nach an.

»Vom Blumenladen?«

Ich kniff die Augenbrauen zusammen.

»Kenn ich nicht – nee, ich meine die, die ewig eine Wochenendbeziehung hatten und dann zusammengezogen sind?«

Dampf schoss aus der Tülle. Der Wasserkocher schaltete sich automatisch aus. Tanja nahm zwei Tassen aus dem Schrank über der Spüle.

»Beate und Lars?«, fragte Tanja ungläubig.

Christiane sah geschockt auf.

»Haben die sich getrennt?«

Tanja sah mich entgeistert an.

»Nein!«

Ich zog die Schultern hoch.

»Ich dachte, das hattest du mal gesagt. Aber ist ja jetzt auch egal. Aber die hat doch immer auf ihrem Laptop einen Bauernhof gehabt und musste dauernd irgendwas ernten, Stroh oder was weiß ich …«

Alle drei sahen mich an.

»Und was soll das?«

Tanja ließ zwei Teebeutel an den Bändern in die Tassen baumeln und wickelte die Enden um die Henkel. Ich vergrub meine Hände in den Hosentaschen, mein Nacken senkte sich wie der eines Stieres, ich schloss kurz die Augen, kam aber nicht dahinter, wie ihre Synapsen miteinander verschaltet sein mussten.

»Man kann doch jetzt nicht fragen, was soll das?«

Tanja sah erst mich stumm an, dann blickte sie fragend zu Christiane.

Hätte ich mich bloß rausgehalten und nicht durch den Cordhosenlehrer in das Gespräch reinziehen lassen. Jetzt musste ich weitermachen.

»Du hast doch gesagt, dass Enno früher einen Bauernhof auf dem Handy hatte, und da habe ich gefragt, ob du das meinst, was Beate immer spielt …«

Tanja zog die Beutel aus den Tassen und warf sie tropfend in den Müll unter der Spüle.

»Da ich nicht weiß, was Beate spielt und wir sie auch ewig nicht gesehen haben, kann ich dir das nicht sagen.«

Sie ließ einen Kandis in ihren Tee plumpsen. Beim Turmspringen hätte sie für derart spritzerloses Eintauchen viele Punkte bekommen. Doch sie schien sich der gelungenen Ausführung nicht bewusst zu sein und schob die silberne Dose zurück in die Tischmitte. Da mir nichts einfiel, was man jetzt erwidern könnte, entstand ein Loch.

In der Stille hörte man nur, wie Tanja die zweite Tasse zu Christiane rüberschob. Die hob ablehnend die Hand.

»Danke, meine Liebe, Prosecco war alle, oder?«

Tanja nickte.

»Ich kann gucken, ob wir noch eine haben, die wäre dann aber warm.«

Christiane lächelte bescheiden.

»Das macht nichts. Ist eh besser für den Magen. Du, aber nur, wenn es dir keine Mühe macht.«

Tanja stand auf, bückte sich zum untersten Fach vom Geschirrschrank und kehrte wieder zum Ausgangspunkt des Gesprächs zurück.

»Ich finde es aber sowieso absurd, so etwas auf einem Computer zu machen, statt in echt – und bei den Kindern führt es ja ganz offensichtlich dazu, dass sie gar nicht mehr richtig miteinander reden, sondern alles nur über WhatsApp und so machen.«

Ich hatte den Eindruck, Hans sah ihr auf den Po.

»Solange sie sich verstehen … «

Christiane griff zum dampfenden Tee und pustete.

»Was heißt da noch ›verstehen‹? Sie schreiben ja keine Briefe, sondern in abgehackten Sätzen und mit Emojis – alles voller Grimassen oder Herzen –, das hat ja nichts mehr mit einem Gespräch zu tun.«

Tanja kam mit einer angestaubten Flasche wieder hoch, wischte darüber und drückte sie Christiane in die Hand.

Hans vergrub die Hände in den Taschen und stand jetzt schon wieder so da wie ich.

»Ist halt ihre Sprache, musst du ja nicht machen …«, verteidigte er die Tochter.

Vielleicht unterrichtete er Biologie und war voller Spiegelneuronen.

Christiane schlürfte einen dünnen Schluck Tee. Dann öffnete sie geübt die warme Flasche Sekt, ohne auch nur einen Tropfen zu verspritzen, und schenkte sich nach.

»Aber es ist doch absurd, dass wir zugucken, wie unsere Kinder sich zurückentwickeln, als ob es nie einen Guttenberg gegeben hätte.«

Nun stellte sich Hans auch noch neben mich.

»Der hat seine ganze Doktorarbeit abgeschrieben.«

Beim Sprechen zog er die Oberlippe komisch hoch. Ich konnte mir vorstellen, wie die Schüler über ihn lachten.

Christiane stützte sich mit beiden Ellenbogen auf den Tisch und hielt die Tasse vor den Mund.

»Ich meine den, der den Buchdruck erfunden hat.«

»Der heißt Gutenberg«, sagte Hans und verriet mit einem verschmitzten Lächeln, dass er seine Frau nicht gerade für die hellste Kerze auf der Torte hielt.

Sie war weiter auf die Tasse konzentriert.

»Sag ich ja.«

Er schüttelte den Kopf.

»Nein, du hast Guttenberg gesagt«, korrigierte er und guckte mich fast entschuldigend an.

Seine Frau nahm wieder einen kleinen Schluck von der Teeoberfläche.

»Das ist ja Haarspalterei.«

»So spricht man aber von zwei ganz unterschiedlichen Personen«, beharrte Hans, der vielleicht auch Deutschlehrer war.

Ihre Augen weiteten sich.

»Ich meine den mit dem Druck und der Bibel«, erwiderte sie und klang dabei so, als wenn sie ihn für den Dummen hielt und es leid war, belehrt zu werden.

Doch er ließ nicht nach.

»Das habe ich ja verstanden –, aber der hat den Druck auch nicht erfunden, den gab's vorher schon in Asien. Johannes Gutenberg hat ihn nur weiterentwickelt.«

Christiane setzte die Tasse energisch ab und sah ihn an.

»Was soll denn die Korinthenkackerei jetzt?«

Er ließ sich nicht beirren.

»Schatz, ich habe das studiert.«

Sie nickte trüb in die Runde.

»Das wissen wir. Mir ging es um die Sprache, mehr nicht.«

Er nahm die Hände aus den Taschen und zog den Pullover einmal rundherum über den Gürtel.

»Ja, das habe ich verstanden – und die Kinder machen jetzt Abkürzungen.«

Sie zog die Augenbrauen hoch.

»Lol. Ja. Das ist doch schrecklich. Gelbe Smileys und Daumen.«

Als der Pullover richtig saß, verschränkte Hans die Arme hinter dem Rücken und lehnte sich mit den überschlagenen Handballen gegen das Fensterbrett. Uns trennten nur noch wenige Zentimeter.

»Aber wenn du jetzt mit Buchdruck anfängst, kannst du auch gut noch weiter zurück in die Geschichte gehen – da hat man Rauchzeichen gemacht oder getrommelt – und sich bestens verstanden.«

Christiane rümpfte die Nase, und auch Tanja und ich guckten ihn an. Ohne Brille war sein Gesicht für mich schon unscharf. Er nickte.

»Ja, du denkst immer, man muss stundenlang reden und alles noch mal sagen und telefonieren, bevor man sich gleich sowieso trifft –, wo ihr dann alles noch mal sagt, was ihr auch gerade schon stundenlang am Telefon besprochen habt. Aber die Menschen früher haben nur ein einziges, klares Zeichen gebraucht und wussten: Aha, Troja ist gefallen. Fertig.«

Geschichte. Ich war mir sicher, er war Geschichtslehrer.

Seine Frau ließ den Kopf auf den Tisch sinken.

»Ich frage mich manchmal, mit wem ich zusammen bin.«

Er lächelte überlegen, wie eine Spitzmaus, die sprechen konnte. Und mir fiel ein, dass das Hochziehen der Lippe bei Pferden »flehmen« hieß.

»Schatz, du willst mir bei aller Liebe jetzt nicht vorwerfen, dass ich mich geschichtlich auskenne und versuche, unsere Kinder wenigstens ein bisschen in Schutz zu nehmen?«

Christiane sah Tanja hilfesuchend an.

»Wie denn? Ich habe gar nicht den Eindruck, dass du mir überhaupt zugehört hast.«

Er richtete den Pullover noch mal nach.

»Doch. Deswegen habe ich dir gerade von den Zeichen erzählt –, wobei die ja früher noch viel pfiffiger waren, als man denkt.«

Er lächelte mir voller Vorfreude zu.

Christiane stellte die Tasse ab und sagte:

»Schatz, es war: Decke rauf, Decke runter – wie Morsezeichen.«

»Ja, so haben es die meisten gemacht«, holte Hans aus und stieß sich vom Fensterbrett ab, um quer durch die Küche zu schreiten.

»Aber es gab Indianer, oder wie wir heute sagen: Nordamerikanische Ureinwohner, die wussten genau, wie sich bestimmte Adler oder Geier verhielten. Und sie haben Aas so auf dem Boden ausgelegt, dass am Himmel bestimmte Muster durch die Flugbewegungen entstanden. Kreise oder was weiß ich was, so dass der nächste Indianerstamm in zig Kilometer Entfernung die Flugmuster beobachten konnte und so eine Nachricht von dem anderen Stamm bekam.«

Er nickte mir freundlich zu.

»Aha«, sagte Christiane.

»Tja. Wie ein Emoji heute. Und so reden eben unsere Tochter und ihre Generation. Also letztlich ganz natürlich wie die alten Völker früher.«

Hans überschlug die Arme wieder vor dem Bauch und lehnte sich zurück an den Kühlschrank.

Seine Frau war nicht so beeindruckt wie ich.

»Wenn du das so sehen willst, bitte. Ich sag dir nur, die Kinder merken nicht, wie sie immer abhängiger von den Dingern werden und langsam, aber sicher vereinsamen.«

Tanja sah mich an.

»Was ich dir immer sage.«

Mein Handy vibrierte in der Hose. Automatisch setzte ich die Lesebrille auf, zog das Telefon hervor und gab die PIN ein, um das Gerät zu entsperren.

Ich hatte eine WhatsApp von Enno:

Papa bring mal klopapier danke bist ein ehrenmann

Mit Rauchzeichen hätte er sich noch kürzer gefasst, dachte ich auf dem Weg in die Vorratskammer und schwor mir, nächsten Samstag joggen zu gehen.

»WAS? DER SCHLÄFT HIER?«

Es war ein Donnerstagabend, im Büro hatte alles ewig gedauert, und als ich nach Hause kam, lag vor der Tür ein Paar riesige Turnschuhe. Sie standen nicht nebeneinander, sondern hingen halb auf-, halb hintereinander, so wie Ennos, wenn er sie nicht öffnete und mit der Hand auszog, worum wir immer wieder baten, sondern ohne sich zu bücken aneinander abstreifte, indem er mit einem Fuß auf die Ferse des anderen drückte und das Ensemble dann so liegen ließ.

Aber es waren nicht Ennos Schuhe.

Ich schloss die Tür auf.

»Ist Besuch da?«

Ich hörte, wie Tanja aufstand und schon von weitem »Pssst!« machte.

»Wieso, was ist los?«

Ich stellte meine Tasche neben den Schrank, und als ich mich aufrichtete, stand sie strahlend vor mir.

»Elfie hat einen Gast.«

»Und die schläft, oder was?«

Tanja legte den Finger auf die Lippen und zog mich ins Wohnzimmer.

»Nicht so laut.« Und dann hauchte sie: »Franz.«

»Welcher Franz?«

Sie setzte sich aufs Sofa.

»Schatz, nicht so laut. Franz aus der Schule.«

Ich wollte nicht sitzen, sondern lieber ein Bier.

»Kenn ich nicht – aber warum müssen wir leise sein?«

Glücklicherweise war noch eine Flasche im Kühlschrank, ich nahm sie heraus und legte zwei aus der Kiste nach.

Tanja flüsterte, so laut sie konnte, aber immer noch ohne Stimme.

»Ich habe ihn auch heute das erste Mal gesehen. Ist doch aber toll, dass sie ihn mitbringt.«

Langsam dämmerte mir, dass ich in diesem Haus der Letzte war, der erfuhr, was gespielt wurde. Ich lehnte mich an den Türrahmen, nahm einen Schluck und sah Tanja an.

»Aber das heißt jetzt was? Dass wir flüstern, bis er wieder weg ist?«

Sie lächelte.

»Nein. Er schläft hier. Nur wenn wir über ihn reden, wäre es ja wohl netter ... «

Ich verschluckte mich, hustete, und etwas Schaum kam aus meiner Nase.

»Was? Er schläft hier? Wie alt ist er denn?«

»Siebzehn.«

Mir wurde flau.

Ich versuchte, in Tanjas Augen Halt zu finden oder wenigstens herauslesen zu können, ob sie es ernst meinte. Ich hatte gedacht, sie in- und auswendig zu kennen und zu wissen, wie sie auf eine Situation reagieren und sich verhalten würde. Doch anscheinend hatte ich keine Ahnung, wie meine Frau wirklich tickte. Oder ich war in einer falschen Wohnung gelandet, die eingerichtet war wie unsere, in der eine ähnliche Familie wohnte, die aber ganz offenbar andere Prinzipien hatte als wir.

Aber was hieß gerade überhaupt noch »wir«?

Ich war plötzlich alleine, stand hilflos im Türrahmen, vor mir saß eine Frau ohne jede Moral, und keine zehn Meter entfernt lag meine 16-jährige Tochter wahrscheinlich im Bett mit einem 17-jährigen Fremden.

Früher hatte ich eine abgesägte Gardinenstange unter dem Bett, doch ich war wie gelähmt.

Tanja gab mir einen Kuss auf die Wange.

»Schatz, warst du in dem Alter nicht auch mal bei einem Mädchen zu Besuch?«

Ich hörte mein Herz pochen.

»Ja, und ich sage dir, der ist nicht hier, weil er ihr Freundschaftsbuch angucken will.«

Tanja nahm meine Hand.

»Er macht einen ganz lieben Eindruck und vertrau mal Elfie. Das ist doch kein kleines dummes Mädchen, die passt auf sich auf. Die beiden kennen sich schon eine ganze Weile.«

»Ich habe noch nie was von einem Franz gehört.«

»Mir hat sie es auch erst letzte Woche erzählt.«

»Und du hast das alles hier so erlaubt? Kennst du denn die Eltern?«

Sie ging in die Küche und füllte die Glaskaraffe, in der neuerdings bunte Steine lagen, um das Wasser gesünder zu machen.

»Solange sie hierherkommt, ist doch alles gut. Stell dir vor, sie wäre einfach weg, wir hätten keine Ahnung, wen sie trifft und wo sie sich rumtreibt. Da finde ich es doch zehnmal besser zu wissen, sie ist hier, oder? So haben wir es mit Enno doch auch gemacht.«

Ich sah sie an.

»Enno ist auch ein Junge.«

»Ja und?«

»Ein Junge ist doch ganz was anderes, da muss man sich nicht solche Sorgen machen. Der kommt schon klar.«

»Ach? Dem kann doch genauso das Herz gebrochen werden …«

Ich nahm einen großen Schluck aus der Flasche.

»Ich kann dir nur sagen, es gibt keinen Jungen, der zu einem Mädchen geht und nichts von ihm will. Da kann der gar nichts dafür. Jeder, der was anderes erzählt, erzählt Quatsch.«

Tanja wollte antworten, doch in dem Augenblick hörten wir eine Tür. Sie hob ihren Zeigefinger, und da kam auch schon ein etwa ein 1,90 Meter großer Junge mit zerzausten Haaren auf bunten Socken an uns vorbei.

Er marschierte in das Badezimmer und sagte »Hi«, ohne uns anzusehen.

Tanja und ich versuchten reflexartig, nicht zu existieren.

Er schloss die Tür hinter sich, und wir hörten es deutlich plätschern. Tanja sah mich an. Dann ging der Wasserhahn, er kam aus dem Bad und rieb sich die Finger an der Jeans trocken. Auf unserer Höhe nickte er uns zu. Nicht einmal, sondern mehrfach, rhythmisch, und dann verschwand er wieder im Kinderzimmer.

Ich flüsterte.

»War er das?«

Sie nickte.

»Wer soll das denn sonst gewesen sein? Ist doch nur einer da.«

Ich versuchte, den Geruch einzuordnen.

»Der kifft.«

Tanja schnupperte.

»Das sind die Turnschuhe.«

Ich leerte mein Bier.

»Aber was machen wir denn jetzt? Ich meine, wie geht es jetzt heute Abend hier weiter?«

Sie ließ eine Gurkenscheibe in die Karaffe fallen und nahm ein Glas.

»Ganz normal, ich mache Essen, und du guckst vielleicht zur Entspannung Fußball ...«

Ich holte tief Luft.

»Wo ist denn Enno überhaupt?«

»Der ist mit seinen Jungs einen trinken und schläft dann bei Nic.«

Auf dem Weg zur Couch hatte ich das Gefühl, alle Ordnung war dahin. Nichts schien mehr an seinem Platz zu sein, selbst die Fernbedienung lag in einem anderen Regal.

»Ist denn morgen keine Schule?«

Ich hörte, wie Tanja einen Topf voll Wasser laufen ließ.

»Enno hat Klausurenvorbereitung, und Elfie muss erst zur Dritten«, rief sie aus der Küche.

Ich nahm das Kissen weg, legte es ans andere Ende und setzte mich in meine Ecke. Als ich die Fernbedienung auf den Receiver richtete, wollte ich gar nichts mehr gucken. Ich ließ meine Hand sinken und sah aus dem Fenster. Die Dämmerung tauchte unsere Straße in ein merkwürdiges Zwielicht. Vielleicht regnete es in der Nähe. In den Fenstern auf der anderen Seite spiegelten sich lila Wolken, die Laternen sprangen an. Bevor ich wusste, ob ich etwas gedacht hatte oder eine Stunde nur aus dem Fenster starrte, rief Tanja:

»Essen!«

Ich stand auf, legte die Fernbedienung auf ihren Platz neben die weiße Schokolade und setzte mich an den Tisch.

Tanja stellte zwei Schüsseln mit Pasta in die Mitte und holte den Salat.

»Elfie? Kommt ihr?«

»Jaha!« Elfie kam zerwühlt herein.

Tanja hatte die Karaffe unter den Arm geklemmt und in jeder Hand zwei ineinandergesteckte Gläser.

Meine Tochter kam mir fremd vor. Weiter weg als sonst. Ich riss mich aus den Gedanken und sah zu Tanja.

»Entschuldige, mein Schatz, dass ich hier einfach so sitze – die hätte ich ja holen können, hättest du doch was gesagt.«

Sie streichelte mir über die Schulter und verteilte die Gläser.

»Alles gut. Was trinkt denn Franz? Still oder Sprudel?«

Elfie strich sich die Haare aus dem Gesicht.

»Der isst nicht mit.«

Wir sahen unsere Tochter an.

»Wieso denn nicht?«

Tanja stellte die Flasche ab und setzte sich.

»Ich hab doch für ihn mitgedeckt.«

Elfie zog die Schultern hoch.

»Ich kann's ja abräumen. Wo ist Enno?«

»Bei Nic«, antwortete Tanja und füllte ihr von der Gorgonzolapasta auf. »Hat Franz denn keinen Hunger?«

»Weiß nicht. Aber er will nicht hier sitzen.«

Ich nahm mir vom Salat und der roten Sauce.

»Isst er zu Hause auch nicht mit seinen Eltern?«

Elfie schien mich nicht gehört zu haben. Jedenfalls antwortete sie nicht, sondern streute Parmesan über ihre Nudeln und begann zu essen.

Ihre Augen huschten versehentlich kurz zu mir rüber, dann blickte sie wieder geradeaus auf die Schüssel und kaute reglos.

»Aber was macht er denn dann jetzt allein in deinem Zimmer?«

Tanja warf mir einen ermahnenden Blick zu.

»Ist er im Bett? Sitzt er da nackt rum, oder was?«

Elfies Augen verengten sich zu Schlitzen. Tanja stieß mir mit der Hand gegen den Arm.

»Tim ...«

Ich nahm einen Schluck vom Gurkenwasser. Elfie steckte eine volle Gabel Nudeln in den Mund.

»Was? Es ist ja wohl nachvollziehbar, dass ein Vater wissen will, was ein Fremder im Zimmer seiner Tochter macht.«

Elfie schlang den Happen, ohne zu kauen, runter.

»Für dich ist er ein Fremder, für mich der tollste Mensch der Welt. Okay?!«

Ich nickte ihr zu.

»Das ist vollkommen okay – nur damit das nicht so bleibt, würde ich mich halt freuen, wenn ich auch etwas über ihn erfahren könnte ...«

Elfie sah mir tief in die Augen.

»Ich bin mit ihm zusammen, das sollte ja wohl reichen.«

Ich setzte das Glas ab und wischte mir mit dem Handrücken über den Mund.

»Hm – und was machen seine Eltern wieder beruflich?«

Sie sah mich stoisch an und kaute weiter, also hakte ich nach.

»Weißt du nicht, oder willst du nicht sagen?«

Tanja stieß mich unter dem Tisch ans Bein.

»Schatz, jetzt lass sie doch in Ruhe essen.«

»Sie kann doch wohl essen und antworten. Hat sie bis eben ja auch gemacht. Ist doch keine verbotene Frage, oder?«

Statt zu antworten, nahm Tanja einen Schluck aus ihrem Glas und wendete sich an Elfie.

»Soll ich für Franz eine Portion auffüllen, und die nimmst du mit in dein Zimmer?«

Elfie atmete angestrengt aus.

»Kannst du.«

Meine Frau griff nach dem großen Löffel.

»Ja, meinst du, er will was?«

Elfie sah nicht auf, sondern streute noch eine Handvoll Parmesan über ihren Teller.

»Weiß nicht.«

Ignoranz und Ablehnung vermochten jedoch die Fürsorge ihrer Mutter nicht zu beeindrucken, und so begann sie, den Teller für den verpickelten Traum unserer Tochter zu füllen.

»Ich mach mal eine kleine Portion von beiden Sorten, und dann kann er ja gucken, was er möchte. Okay?«

Elfie stöhnte.

Ich stand auf und holte mir ein Bier aus dem Kühlschrank. Es war noch viel zu warm, aber egal. Anscheinend entwickelte unsere Tochter gerade eine Eigenart ihrer Mutter, nämlich davon auszugehen, andere Menschen könnten ihre Gedanken lesen. Diese fatale Fehleinschätzung ihres Gegenübers hatte bei uns schon zu einigen im Sande verlaufenen Diskussionen geführt, da es mir nicht gelingen wollte, ihr verständlich zu machen, dass einem Mann diese Fähigkeit leider nicht gegeben und ich darauf angewiesen sei, dass sie mir sagt oder schreibt, was sie denkt. Doch hier ging es ja noch nicht einmal um die Wünsche unserer Tochter, sondern ganz einfach darum, ob der Junge in ihrem Zimmer Hunger hat oder nicht.

»Schatz, wenn sie nichts sagt …, ich glaube, ein Junge, der im Stehen pinkeln kann, kann auch mit uns essen, wenn er Hunger hat, oder?«

Statt einer Antwort herrschte kurz absolute Stille, gefolgt von dem Klirren einer Gabel, dann stampfte Elfie aus der Küche und knallte die Tür hinter sich zu.

Tanja hob vorwurfsvoll beide Hände.

»So bringt sie ihn das nächste Mal sicher nicht mit!«

Ich stellte die Teller zusammen und stand auf.

»Ich werde ja in unserer Wohnung noch sprechen dürfen, oder?«

Tanja deckte den gefüllten Teller ab und stellte ihn zum Warmhalten in den Ofen.

»Wir haben immer gesagt, die Kinder sollen uns jederzeit trauen können und immer wissen, dass wir für sie da sind. Mit so blöden Sprüchen erreichst du genau das Gegenteil.«

Ich setzte mich mit meinem Bier wieder an den Tisch und fummelte an dem Etikett rum, weil sich oben eine Ecke löste.

»Weißt du, wie sich das für einen Vater anfühlt, wenn plötzlich irgendein Typ hier reinmarschiert und wie selbstverständlich bei ihr im Zimmer verschwindet?«

Sie flüsterte energisch um die Ecke.

»Na dann überleg mal, wie es sich anfühlt, wenn du gar nicht weißt, wo deine Tochter ist und bei wem –, ob dir das lieber wäre!«

Ich blickte auf, und wir sahen uns an.

Als wir alles eingeräumt hatten, schaltete ich die Spülmaschine an, und wir warteten, aber weder Elfie noch ihr Freund kamen noch mal aus dem Zimmer.

Also versuchten wir so zu tun, als ob alles wäre wie immer, fanden aber keine gemütliche Position, pendelten zwischen Küche und Wohnzimmer, meine Frau las in einem Buch von Jasper Jul und entdeckte ein Kapitel, das beschrieb, wie wichtig es für unsere Tochter sei, bei aller Loslösung von uns, sich dennoch sicher und geborgen zu fühlen und vor allem zu wissen, dass wir ihre Privatsphäre respektierten. Mein Argument, die Kinder nur vor Bösem schützen zu wollen, verstand sie angeblich vollkommen, hielt es aber für geschickter, das nicht durch Überwachung zu tun. Sie trank ein Glas Wein, und ich musste versprechen, am Morgen zu versuchen, die Stimmung wieder zu bessern und anders auf Franz zuzugehen.

Obwohl wir erst weit nach Mitternacht ins Bett gingen, konnte ich nicht schlafen. Ich überlegte, wie mein Vater damals zu mir gewesen war, ob ich schon immer so war wie er oder ihm erst im Alter ähnlicher wurde. Ob ich mich bei Enno und seiner ersten Freundin anders verhalten hatte, als ich es jetzt Elfie gegenüber tat, und ob der Tag käme, an dem man keine Angst mehr um seine Kinder hat.

Ich war hellwach und versuchte mal wieder Autogenes Training.

Als der Wecker klingelte, hatte ich das Gefühl, gerade erst eingeschlafen zu sein. Tanja kuschelte sich wie jeden Morgen an mich. Sie gab mir einen Kuss in den Nacken.

»Bitte, bitte ganz lieb zu den beiden sein, okay? Wir machen Frühstück, und du stellst keine Fragen, sondern wir reden ganz normal, ja?«

Zu unserer Überraschung waren die beiden schon auf. Vor dem Bad stand Elfies leergeräumter Schreibtisch, Elfie selbst kam in einen aufgeschlitzten Müllsack gehüllt aus der Küche.

Ich versuchte, die Situation grob einzuordnen, atmete tief durch und bemühte mich, gute Stimmung zu erzeugen, indem ich absolut offen und respektvoll fragte: »Guten Morgen, ihr zwei. Was wird das denn?«

Elfie wickelte sich die Haare zu einem Dutt und zwängte sich zwischen mir und dem Schreibtisch vorbei ins Bad.

»Sieht man das nicht?«

»Schatz, ich hab's!«, rief es aus der Küche, Elfie quetschte sich mit einem Haargummi zurück.

Moment, durchfuhr es mich, Elfie macht den Dutt, wie Tanja es immer tat, wenn sie Klarheit brauchte. Sie griff mit beiden Händen in die offenen Haare und wickelte sie blitzartig zu einem wirren Knoten auf dem Kopf, was anscheinend für eine Art Befreiung oder Durchsicht sorgte und mir signalisierte: Es ist mir völlig wurscht, wie ich aussehe, mir sind alle egal, ich konzentriere mich jetzt einzig und allein auf mich, ohne Rücksicht auf Verluste! Und ihr 17-jähriger Spargeltarzan nannte meine Tochter in unserer Küche »Schatz«? »Schatz« wie Erwachsene, verheiratete Menschen es tun, die planen, ein Haus zu bauen und ein ganzes Leben miteinander zu verbringen? Machten die beiden das absichtlich? Sollte ich mich fühlen wie ein Opa in meiner eigenen Wohnung, der sein Leben gerade abgibt und nur noch zuguckt? Wollten die mich verarschen?

Ich erlaubte mir, einen Schritt hinter ihr herzugehen, und sah Franz in unserer Küche, der ebenfalls eine Mülltüte übergestreift hatte, mit dem alten Dosenöffner in der Hand stolz vor einer Farbdose stehen.

»Hier, ich hab so 'n Ding gefunden, damit geht es bestimmt auf!«
Er hielt die Dose mit dem Deckel nach unten auf dem Tisch fest und setzte den Dosenöffner an. Dann drehte er langsam den Hebel, trennte den Boden auf und bog die scharfkantige Rundung nach oben. In meinem Kopf ratterte es, und ich versuchte, mir irgendeinen Grund vorzustellen, warum man von einer Farbdose nicht den wiederverschließbaren Deckel öffnete, sondern den Boden abtrennte. Aber ich kam nicht drauf.

Elfie fiel ihm um den Hals und strahlte.

»Danke, mein Franzi, du bist toll! Na dann los!«

Ich wünschte mir, dass es einen Grund gab, der nur mir verschlossen blieb, und der Typ nicht einfach nur ein vollkommener Honk war und meine Tochter vor Liebe blind.

Ich drehte mich um und ging zu Tanja ins Schlafzimmer.

»Tu mir einen Gefallen und frag die beiden, was sie vorhaben, ich fürchte, ich treffe nicht den richtigen Ton!«

Kaum war Tanja bei den beiden angekommen, hörte ich Elfie protestieren:

»Es ist mein Schreibtisch, und es kann ja nicht verboten sein, ihn schwarz zu streichen.«

»Aber Schätzchen, doch nicht hier auf dem Flur, so einfach auf dem Boden, da müsst ihr zumindest was unterlegen … Franz, hast du so was schon mal gemacht?«

»Genauso jetzt nicht, aber im Prinzip schon, ja«, hörte ich ihn antworten und staunte, wie ruhig und diplomatisch meine Frau blieb. Sie bewahrte sogar die Fassung, als die beiden ihr erklärten, dass es einfach unmöglich gewesen sei, diese bescheuerte Farbe zu öffnen und sie schon überlegt hatten, die Dose zurückzubringen, dann aber Franz die geniale Idee mit dem Dosenöffner gehabt hatte.

Sie rollten mehrere Bahnen Küchenpapier aus, strichen den schönen Tisch schwarz an und verpackten die Farbdose in zwei Gefrierbeuteln, welche sie mit Malerkrepp zuklebten. Um die Stimmung nicht zu trüben, verzichtete ich, sie darauf hinzuweisen, dass sich an der vermeintlichen Unterseite der Dose ein leicht mit einem Schraubenzieher abnehmbarer Deckel befand, saß dafür aber alleine auf dem Bett und fragte mich, ob nur dieser Junge nicht in der Lage war oder die ganze Generation junger Männer überhaupt je in der Lage sein würden, eine Frau und Kinder zu ernähren.

An diesem Freitagmorgen war absolut nicht vorhersehbar, dass ich irgendwann einmal Rotz und Wasser mit Elfie heulen würde, weil Franz ihr eine WhatsApp schickte, während wir mit der ganzen Familie im Kino saßen und *Spiderman* guckten.

Der Film lief gerade einmal 30 Minuten, als Elfie begann zu schluchzen. Sie drängelte sich durch die Reihen nach draußen, Tanja sah mich an, Enno zuckte mit den Schultern und grub seine Hand ins Popcorn, Tanja wollte aufstehen, doch ich machte ihr ein Zeichen und folgte unserer Tochter.

Sie rannte die viel zu steilen Stufen der Rolltreppe runter und schlängelte sich durch eine lachende Gruppe am Eingang. Draußen lehnte sie an einem abschließbaren Metallpoller der Feuerwehreinfahrt. Außer Atem lief ich auf sie zu.

»Was ist passiert?«

Elfie vergrub das Gesicht in den Händen. Ihr Rücken zitterte.

Ich nahm sie in den Arm.

»Kannst du mir sagen, was los ist? Hm?«

»Franz«, hauchte sie tonlos.

»Ist ihm was passiert?«

»Nee. Er hat Schluss gemacht.«

»Hat er dich gerade angerufen?«

Sie wischte sich mit dem Ärmel eine Träne von der Wange.

»Geschrieben.«

»Was?« Ich strich ihr eine Haarsträhne nach hinten.

»Er hat dir einfach geschrieben, dass er Schluss macht?«

Sie nickte.

»Was für ein Idiot! Der findet doch nie wieder so ein tolles Mädchen.«

Sie schluckte und verzog den Mundwinkel.

»Ich will ihn ja behalten.«

Ich schmiegte meinen Kopf an ihren.

»Mein Schatz, ein Typ, der am Handy Schluss macht, hat dich nicht verdient!«

Ich friemelte mein Handy aus der Tasche und schrieb Tanja eine SMS: »Alles gut. Wohl aus mit Franz. Gehen jetzt spazieren, meldet euch, wenn der Film zu Ende ist.«

Doch wir bewegten uns nicht vom Fleck, und mir wurde klar, dass eigene Erfahrungen anderen nicht immer helfen. Wie gerne hätte ich ihr den Schmerz genommen, ihr vermittelt, wie Trauer verfliegt, doch am Ende blieb uns nichts als zu heulen. Über Franz, über Trennung an sich und die Angst vor der Endlichkeit.

»HAST DU MICH EIGENTLICH NOCH LIEB?«

2018 war einer der heißesten Sommer überhaupt. Erst freuten wir uns über das ungewohnte Wetter, doch als Bonnie mit vierzehn Jahren unerwartet an einer, bei großen Hunden seltenen Mitralklappenendokardiose starb, war der Sommer nur noch eine Katastrophe. Ihre Leine lag im Flur, keiner mochte sie wegpacken. Der Sack Futter lehnte offen an der Wand, ihr Wasser verdunstete. Enno verschwand zu Nic, Elfie kam zwei Tage nicht aus ihrem Zimmer, und Tanja saß erst regungslos auf dem Sofa und sortierte dann all ihre gestapelten Zeitschriften aus. Ich versuchte, stark zu sein und mich abzulenken.

Der Keller war ein Ort der Abkühlung, und hier war eigentlich mein Traum in Erfüllung gegangen. Der Vermieter hatte den alten Öltank zerlegen und entsorgen lassen, und so konnte ich den Raum anmieten und endlich die lang ersehnte Werkstatt bauen.

Für mich, der seit 18 Jahren auf ein eigenes Zimmer und fast jede Privatsphäre innerhalb der eigenen vier Wände verzichtet hatte, war der Keller nun mein Refugium, in dem ich tun und lassen konnte, was ich wollte. Ein Stück zurückgewonnene Freiheit.

Monatelang hatte ich jede freie Minute in mein Projekt gesteckt und mir eine Absauganlage für Staub und Sägespäne konstruiert. Statt meine pure Freude zu teilen, warf mir Tanja allerdings vor, eigentlich gar nichts bauen zu wollen, sondern nur an der Werkstatt selbst rumzubasteln, ohne jemals etwas Sinnvolles für die Wohnung oder die Kinder herzustellen.

Anfangs hatte ich versucht, ihr zu erklären, was ich wozu brauche und was ich bauen kann, sobald alles fertig ist. Aber wahrscheinlich war es unmöglich, von einem nicht handwerklich interessierten Menschen, in diesem Fall war es meine Frau, Verständnis für die Vorbereitungen auf das eigentliche Basteln von Gegenständen zu erwarten. Trotzdem gab es ein stummes Übereinkommen, dass ich gelegentlich in den Keller durfte, um mir dort, wie sie es aus irgendwelchen amerikanischen Serien übernommen hatte, mein »*Man Cave*« zu bauen.

Ich fand das Wort lächerlich, benutzte sie es vor anderen, war es mir geradezu peinlich. Googelte man den Begriff, erschienen Bilder von schweren Billardtischen in dunklen Räumen voller Ledersessel und Whiskey. Der so erweckte Eindruck hatte nichts mit mir und meiner von langen Neonröhren erhellten, wohlorganisierten Werkstatt zu tun, in der ich ab heute präzise all die Tutorials diverser You-Tube-Bastelseiten umsetzen wollte. Vor allem plante ich, Geld zu sparen, indem ich mir die meisten Vorrichtungen, wie zum Beispiel einen Bohrständer oder einen multifunktionalen Winkelanschlag, selber aus Holz bauen würde, um dann so gut ausgestattet wie möglich meine ersten Möbel in Angriff zu nehmen.

Ich hatte soeben die letzte Krümmung der Absauganlage mit einer Schelle versehen, den Schraubendreher in sein Loch in der selbst gebauten *french cleat*-Wand gleiten lassen – einer Wand aus 15 im Abstand von fünf Zentimeter horizontal übereinander angebrachten, zwei Meter langen, sechs Zentimeter breiten und 15 Millimeter starken Multiplexleisten, welche nach innen mit einem 45-Grad-Winkel auf Gehrung geschnitten sind, so dass diverse Werkzeughalterungen mit einem entsprechenden Gegenstück flexibel darangehängt werden können – und wollte mir zur Feier des Tages, und das hatte ich aus amerikanischen Filmen abgeschaut, eine Zigarre anschneiden, als Tanja plötzlich in der Tür stand.

»Hast du mich eigentlich noch lieb?«

Sie lehnte sich in den Rahmen, ohne den Raum zu beachten.

Ich drückte mit Daumen und Zeigefinger die beiden Klingen gegeneinander, bis das abgeschnittene Endstück der leider nicht mehr ganz frischen *Romeo y Julieta* mir in den linken Handteller fiel.

»Wie kommst du denn jetzt darauf?«

Ich warf den Tabakrest in den kleinen Eimer, den ich für Holzabfälle direkt neben der Werkbank platziert hatte.

Tanja zog den linken Ärmel ihres Pullovers lang, so dass die Hand darin verschwand und den Ärmel von innen festhielt, wie Kinder es tun, wenn sie eine Jacke drüberziehen. Bei ihr war es eher eine Geste der Geborgenheit.

»Ich fand's nur so interessant, weil ich heute gelesen habe, dass Paare, die eine sehr gute Beziehung führen, angeblich mehr und besser miteinander reden als Paare, die in echt nicht so viel miteinander anfangen können und sich auch weniger lieb haben, und dann die Beziehung oft nicht von Dauer ist.«

Sie zog die rechte Hand in den Ärmel.

Ich sah sie an und versuchte, unsere Weltbilder irgendwie übereinanderzulegen. Offenbar hatte sie wieder in einer Zeitung etwas gelesen, was sie nun auf uns bezog, und das ging oft schief, einmal hatte sie so fast unsere Reise nach Lissabon torpediert.

»Und was hat das jetzt mit uns zu tun?«

Sie lächelte.

»Ich wollte nur einmal von dir hören, ob du mich noch lieb hast … «

»Okay«, dachte ich, sie ist sauer, weil ich jetzt hier meine Werkstatt habe, und sie glaubt, ich würde nur noch hier unten sein oder weniger Zeit mit der Familie verbringen als früher. Oder sind ihr prinzipiell meine Antworten zu kurz? Sollte ich Dinge hundertmal in einem Satz wiederholen, so wie sie und ihre Freundinnen es taten, wenn sie sich Sprachnachrichten auf WhatsApp sendeten, statt einen kurzen klaren Text zu sprechen? Oder hatte sie den Eindruck, wir würden überhaupt zu wenig miteinander reden?

Ich legte den Abschneider in die Schublade zu den Stiften und sagte: »Aber du redest doch irre viel … «

Tanja stutzte.

»Was ist denn das für eine Antwort?«

Mir fiel ein, dass ich hier unten noch gar kein Feuerzeug hatte.

»Du hast doch gerade gesagt, dass Paare, die sich lieben, viel miteinander reden – also kannst du ja davon ausgehen, dass bei uns alles okay ist.«

Sie sah auf ihre Füße.

»Das ist ja sehr romantisch.«

Sie klang traurig. Ich strich ihr über die Wange.

»Schätzchen, auch ich versuche, mich abzulenken, und habe gerade die Absauganlage fertiggekriegt und freue mich … «

Ich wollte sagen: … freue mich, dass ich hier für uns eine so tolle Werkstatt eingerichtet habe, mit all den Zwingen, Stechbeitel und sogar einem selbst gebastelten Streichmaß, doch während ich ansetzte, fiel mir ein, dass es ja eigentlich gar kein Familienprojekt war, sie davon relativ wenig hatte und ich nicht davon ausging, dass sich Enno oder Elfie hier unten überhaupt aufhielten. Wie bei einem Freund mit kleineren Kindern, der seine eigene Werkbank immer erst von Handmalfarben oder halb fertig getonten Vogeltränken befreien musste, bevor er selbst anfangen konnte, etwas zu basteln. Aber ehrlicherweise sollte es genau das ja auch sein: ein Raum nur für mich. Aber offenbar muss man als gereifter Vater halbwegs erwachsener Kinder erst wieder lernen und sich trauen, nicht immer in Kategorien von wir und uns zu denken.

Glücklicherweise unterbrach Tanja mich schon, bevor ich auf die Idee kam, den Gedanken auszusprechen.

»Ich meinte nur, dass es mich nachdenklich gemacht hat, was ich heute gelesen habe, weil es ja nicht nur darum geht, wie viel man redet, sondern ob es einfach oberflächlich ist oder man eben auch bessere, tiefgreifendere Gespräche führt.«

Ich lehnte mich neben den Schubladenschrank und versuchte mich zu fokussieren. Der Tag hatte recht normal begonnen, natürlich dachten wir alle immerzu an Bonnie, aber es hatte weder Streit gegeben, noch stand Besuch vor der Tür. Ich war bis vor wenigen Augenblicken einigermaßen zuversichtlich hier in meiner Werkstatt gewesen, und jetzt stand die Klärung der Frage im Raum, ob unsere Gespräche der letzten Jahre tiefgründig genug waren, um von wahrer Liebe zueinander ausgehen zu können.

Unabsichtlich verschränkte ich die Arme vor der Brust.

»Wann habe ich denn etwas Oberflächliches gesagt?«

Sie zog die Augenbrauen hoch.

»Du hast mir eben ja noch nicht einmal auf meine Frage geantwortet.«

Irgendwie verstand ich nicht, worauf sie hinauswollte.

»Aber wieso sollte ich dich nicht mehr liebhaben?«

»70 Prozent aller Gespräche in Beziehungen handeln von einkaufen, und danach kommen Job und Arbeit.«

Sie verschwamm ein wenig vor meinen Augen, entweder war

ich leicht unterzuckert oder kam inhaltlich nicht hinterher. War es denn nicht logisch, dass sich Gespräche von Menschen, die zusammenlebten, zu einem großen Teil um die Organisation ebendieses Zusammenlebens drehten? War es nicht Tanja, die sich immer abwandte, wenn ich mit Jens oder Olaf über die Unerklärbarkeit der Sekunde vor dem Urknall philosophierte oder nach wie vielen Jahren ein batteriebetriebener Wagen einem Verbrennungsmotor unter Berücksichtigung wirklich aller Entsorgungs- und Umweltfaktoren überlegen sein könne?

Ich bemühte mich zu folgen und nickte.

Sie sah mich an.

»Das ist bei uns nicht anders.«

»Wann rede ich denn von einkaufen?«

Sie sah wieder auf ihre Füße und überlegte.

»Und ich frage mich, was wir noch miteinander zu tun haben.«

Eben war noch meine einzige Sorge die Suche nach einem Feuerzeug, und im Handumdrehen stand ich vor den Trümmern meiner Ehe. Ich versuchte, die Situation sachlich anzugehen.

»Wir haben Kinder, wir leben zusammen, wir sind eine Familie. Und nur weil du zufällig beim Aufräumen einen abstrusen Artikel gelesen hast, fragst du dich so einen Quatsch?«

Sie sah mich ernst an.

»Vielleicht hat man jahrelang nicht gemerkt, dass die Gespräche immer oberflächlicher wurden –, und dabei kann man laut einer sehr wohl fundierten Studie selbst über alles Mögliche auch tiefgründig reden und so seine Beziehung festigen.«

Ich nahm die Zigarre wieder in die Hand, um wenigstens kalt zu rauchen.

»Mir ist nicht aufgefallen, dass wir sie festigen müssen.«

Ich wusste weder, wie ich mich hinstellen sollte, noch worauf sie hinauswollte.

Und langsam gärte in mir der Verdacht, ob es an Enno liegen könnte? Konnte es sein, dass Tanja Angst bekam, weil er bald zum Studieren nach Bremen ziehen würde? Und das ausgerechnet jetzt, wo Bonnie nicht mehr war ... Oder ging es um Murat. Weil Elfie fast nur noch bei ihrem neuen Freund rumhing?

Tanja lehnte weiter im Türrahmen und hatte eine raue Stelle am Nagel ihres Zeigefingers entdeckt.

»Wenn man zum Beispiel liest, dass David Beckham und Victoria sich getrennt haben, dann kann man das einfach als *Smalltalk* so bequatschen, oder man redet darüber und versucht dabei, den Bezug zu seinem eigenen Leben herzustellen.«

Ich bemühte mich vergeblich mitzuhalten und nahm einen tiefen, aber leider rauchfreien Zug.

»Sind sie doch gar nicht, oder? Aber selbst wenn – was hätte das mit uns zu tun –, da kann ich nichts herstellen.«

Ihr Blick wurde intensiver.

»Genau, die sind nicht getrennt.«

Offenbar war ich doch zu ungeübt im Anschneiden von Zigarren, ein Tabakblättchen klebte an meiner Zunge, welches ich versuchte abzufummeln.

»Sag ich doch.«

Sie schüttelte den Kopf

»Aber es gibt das Gerücht! Und darum geht es ja.«

Ich streifte den Tabakkrümel an der Hose ab.

»Also hat die Zeitung gelogen.«

Sie machte eine Geste mit der Hand, wie italienische Frauen es in Filmen tun, um etwas sehr deutlich zu machen.

»Aber an Gerüchten ist immer was dran. Und ich frage mich, ob wir uns wirklich immer alles so sagen, wie es ist, und uns wirklich auch sofort sagen würden, wenn einen etwas stört. Auch an dem anderen. Und zwar bevor Gerüchte aufkommen und man sich seinen Teil denkt. Oder von anderen angesprochen wird.«

Wäre ich ein italienischer Mann, hätte ich vielleicht mit der Hand auf die Werkbank geschlagen, den Kopf leicht nach hinten geschmissen und »äh basta« oder etwas Ähnliches gesagt. Stattdessen versuchte ich, weiter am Ball zu bleiben.

»Sei mir nicht böse, mein Schatz, aber das tue ich doch. Und ich verstehe nicht, wie du jetzt darauf kommst, dass unsere Beziehung kaputt sein soll, und wir führen hier ein Krisengespräch – vollkommen aus der Luft?«

Tanja knabberte die Ecke vom Nagel ab.

»Gar nicht – ich will uns auch nicht mit den Beckhams vergleichen, das war nur ein Beispiel für schlechte Kommunikation. Aber die Studie hat mich schon nachdenklich gemacht. Ich habe ja überhaupt nicht gesagt, dass bei uns etwas nicht stimmt, sondern nur darüber nachgedacht, wie wir eigentlich so miteinander reden –, und da ist eben auch einkaufen immer wieder ein Thema.«

Ich bin kein Schwitzer, aber mir wurde warm.

»Muss man ja auch«, sagte ich und legte die Zigarre beiseite.

Sie checkte jetzt die neun anderen Nägel.

»Ja, klar, trotzdem kann man sich das ja mal fragen.«

Ich fuhr mir durch die Haare.

»Aber wer redet denn vom Einkaufen? Doch wohl am meisten du oder die Kinder, weil sie was haben wollen.«

»Um die Kinder geht es aber nicht.«

Wenn ich nur in ihr Gehirn reingucken könnte, vielleicht würde mir ein Licht aufgehen. Irgendwo in der zweiten Reihe mussten da ja noch Gedanken verborgen sein, die sie klar vor sich sah, welche sie mir aber nicht mitteilte, so dass manches für mich wie ein zusammenhangloser Gedankensprung aussah, was für sie die logische Fortführung eines Satzes war. So aber stocherte ich weiter im Trüben.

»Okay, reden wir übers Einkaufen: Außer dass ich manchmal frage, was ich aus dem Supermarkt mitbringen soll, rede ich nie darüber. Höchstens noch über Retourenpäckchen. Du kaufst online Pullover, die ich dann zu irgendwelchen Kiosken bringe, wo ich noch nie etwas gekauft habe, sondern immer nur deine Sachen zurückschicke.«

Sie sah mich verständnislos an.

»Das meiste davon ist aber nicht für mich, sondern für uns und die Wohnung oder Klamotten für die Kinder.«

»Ja, ist ja auch egal, ich versteh nur nicht, was das dann mit uns zu tun haben soll.«

Tanja verschränkte die Arme demonstrativ vor der Brust.

»Es ist gar nicht das Einkaufen selbst, glaube ich, sondern vielmehr, wie wir darüber reden.«

Ich stellte mir vor, eine von ihren Freundinnen zu sein, vielleicht könnte ich dann denken wie sie.

»Ich will ja auch gar nicht übers Einkaufen reden«, versuchte ich, sie zu stoppen, und friemelte selbst an einem Nietnagel rum. Sie hob etwas die Stimme.

»Schatz, aber wie oft beschwerst du dich, dass ich was Falsches eingekauft hätte?«

Ah, jetzt hatten wir ein Thema.

»Du meinst, vom Supermarkt?«

»Zum Beispiel«, sagte sie, ohne zu wissen, damit den Spieß umgedreht zu haben.

»Ja, weil du da immer wieder Sachen kaufst, aus denen man nix kochen kann.«

»Wie?«

»Du wirst ja wohl zugeben, dass du immer wieder Gemüse kaufst, ohne zu wissen, was das zusammen für ein Gericht werden soll, und dann steht man da und kann nix daraus machen.«

Sie sah mich mit großen Augen an.

»Aber du stehst doch nicht da!«

»Natürlich.«

Sie legte den Kopf schief.

»Ich kann mich ehrlich gesagt nicht dran erinnern, wann du das letzte Mal gekocht hast.«

Ich nickte.

»Ich schon.«

»Na, dann war es ja wohl doch möglich, daraus was zu machen.«

Ich hob versehentlich den Zeigefinger.

»Da habe ich aber nix von den Sachen benutzt, die du gekauft hast, sondern aus den Vorräten Thunfischsalat gemacht.«

Sie lachte.

»Salat ist ja nicht kochen.«

»Sondern?«

»Abwaschen und schneiden.«

Mir war nicht bekannt, dass ein Koch, der vorwiegend für Kaltspeisen zuständig war, nicht auch Koch genannt wurde.

»Aber ein Essen wird ja nicht besser, nur weil es heißer ist.«

Tanjas Handy signalisierte den Eingang einer Nachricht. Sie nahm es aus der Tasche und begann zu tippen.

»Was ist?«

Ich lehnte mich etwas zurück, meine Bandscheiben ließen nicht locker. Sie studierte das Display.

»Ich hatte mir mal einen Teppich angeguckt, den ich ganz gut fand, und der ist gerade im *Sale*.«

Ich zog die Augenbrauen hoch, ohne sie anzusehen. Offenbar war unsere Krise überwunden.

»Was denn für einen Teppich?«

Sie tippte.

»Warte kurz.«

»Wo brauchen wir denn einen Teppich?«

»Warte.«

»Bestellst du den jetzt, oder was?«

Ihre Finger glitten fast so schnell über das Display wie die der Kinder.

»Ich will ihn mir mal angucken.«

»Ich denke, das hast du schon.«

»Im Shop hier ja, ich will ihn aber mal in echt sehen, ich glaube, der passt ganz gut.«

Ich ging alle Räume durch.

»Aber wo soll der denn hin?«

»Schatz, lass mich eben einmal tippen, sonst ist er weg.«

Ich versuchte, meine Lendenwirbelsäule gegen die Wand zu drücken, meist brachte das eine gewisse Linderung.

»Ich dachte nur, vielleicht ist es sinnvoll, wenn wir einmal darüber sprechen, bevor du ihn kaufst.«

Endlich sah sie wieder auf.

»Ich kann ihn ja zurückschicken.«

»Mit ›ich‹ meinst du mich.«

Offenbar war sie doch noch nicht fertig.

»Warte bitte eine Sekunde.«

Ich stieß mich von der Wand ab und sah, dass der Kreuzschlitz-schraubendreher vorhin fälschlicherweise in einem Loch für die Torx gelandet war.

»Ich habe schon mal so einen bescheuerten Teppich versucht wieder in seine Folie zu wickeln.«

Sie machte eine Schnute, tippte aber weiter.

»Musst du nicht.«

Ich steckte den Dreher in seine Abteilung.

»Aber vielleicht kann man sich das auch sparen. Wenn wir beide erst gucken, was du bestellen willst, dann brauchen wir es uns vielleicht auch gar nicht schicken zu lassen, wenn wir es nicht beide gut finden.«

Sie lächelte wissend.

»Man kann es oft erst beurteilen, wenn man es sieht.«

Sie verstand mich nicht. Ich näherte mich vorsichtig, um vielleicht mit auf ihr Handy schauen zu können.

»Wenn man es von vornherein hässlich findet, braucht man es nicht in echt zu sehen.«

Sie ließ das Telefon sinken.

»Würde ich etwas bestellen, das hässlich ist?«

»Ist schon passiert.«

Sie nahm es wieder hoch, ohne mich teilhaben zu lassen.

»Du verstehst doch davon gar nix.«

Da sie sich wieder voll auf den Bildschirm konzentrierte, lehnte ich mich zurück an die Wand.

»Ich bin vielleicht kein Innenausstatter, aber ich merke schon, wenn mir etwas nicht gefällt.«

Tanja drückte auf Senden und steckte das Telefon in die Hosentasche.

»Wenn er dir nicht gefällt, schick ich ihn zurück, aber ich glaube, das wird die Küche ganz schön aufwerten.«

Der Schmerz ließ nicht nach, ich nahm mir vor, morgen wirklich nach einem Orthopäden zu suchen.

»Du guckst nach einem Teppich für die Küche?«

Ich musste mich verhört haben.

»Möchte ich ausprobieren, ja.«

Sie drehte sich zur Tür.

»Auf den dann das ganze Fett spritzt?«

»Quatsch.«

»Niemand hat in der Küche einen Teppich.«

Mir fiel wirklich niemand ein. Nicht einmal in einem amerikanischen Film, obwohl sie da ja sogar auf Toilettendeckeln manchmal Teppich hatten.

Tanja schien sich sehr sicher, sie zuckte mit den Schultern und verzog den Mund.

»'türlich.«

Ich sah es direkt vor mir: Milch, Eigelb, Puderzucker, Geschrei, Wasser, Spüli, Zewarolle, Handtuch, Staubsauger, Tränen.

»Es wäre ja vollkommen idiotisch, Fett und Speisereste würden sich darin sammeln, deshalb hat man Kacheln an den Wänden und Fliesen auf dem Boden.«

Tanja nahm die Klinke in die Hand.

»Wir haben keine Fliesen.«

»Natürlich.«

Sie öffnete die Tür.

»Nein, wir haben Linoleum.«

»Sieht aber aus wie Kacheln und ist abwaschbar.«

Tanja drehte sich zu mir.

»Was willst du denn abwaschen, du kochst doch sowieso nur Salat.«

Sie warf mir einen Kuss zu und lächelte. Dann fiel die Tür ins Schloss. Was für ein Gespräch, nachdem wir gerade erst den Hund begraben hatten. Ich strich mit der Hand über die mit 240er-Papier fein geschliffene Oberfläche meiner Werkbank, steckte die kalte Zigarre zwischen die Lippen und nahm einen tiefen Zug. Auch wenn ich offenbar nicht einmal hier unten, in meinem angeblichen *Man Cave* sicher vor unvorhersehbaren Achterbahnfahrten war und ich wohl nie verstehen würde, warum wir so unterschiedlich tickten, und es sich nicht vermeiden ließ, dass wir stundenlang aneinander vorbeiredeten, konnte ich die Frage, ob ich Tanja noch liebhatte, eindeutig mit Ja beantworten. Meistens jedenfalls.

»WER BRAUCHT BITTE FÜNF WINDLICHTER?«

Es war kein richtiger Weihnachtsmarkt, nur einige Buden weit verstreut, doch wie früher hingen Sterne und Girlanden über unseren Köpfen. Keiner wusste, wie man sich wo zu verhalten hatte, es roch nach Maronen und Desinfektionsmittel. Der Schnee blieb nicht liegen, Tanja und ich schlenderten eingemummelt Hand in Hand durch die Pfützen, in denen sich die liebevoll dekorierten Schaufensterscheiben der überlebenden Geschäfte spiegelten.

Mir klebte eine FFP2-Maske unter dem Schuh, und als ich stehen blieb, um sie zu entfernen, zeigte Tanja auf ein Geschäft mit Unterwäsche.

»Wo ich das gerade sehe: Ich verstehe nicht, wieso Enno inzwischen seine Unterhosen bei uns unters Waschbecken schmeißt.«

Ich friemelte den aufgeweichten Stoff aus dem Profil.

»Wann das denn?«

»Immer wieder, auch gestern. Weiß gar nicht, warum er die nicht mitgenommen hat.«

Ich legte meinen Arm um ihre Schulter. »Nach allem was er so erzählt hat, scheint er in der Studentenbude sehr gut ohne Klamotten auszukommen ...«

Tanja blieb stehen.

»Mir hat er gesagt, Charlotte hätte Schluss gemacht!«

Ich sah einen Mülleimer am Zaun des Christbaumstandes und zog Tanja weiter.

»Mir hat er erzählt, dass er der Meinung ist, es gäbe viele Mütter mit schönen Töchtern.«

»Was?«

»Ganz entspannt, mein Schatz. In seinem Alter ist das doch vollkommen okay. Und die Hose gestern kann auch meine gewesen sein.«

Tanja machte einen großen Schritt über eine Pfütze.

»Es war eine Boxershorts.«

Ich entsorgte die Maske und wischte mir die Hand an der Jeans ab, dann verrieb ich das Desinfektionsgel, welches Tanja mir automatisch hinhielt.

»Ja, meine«, sagte ich und wedelte die Finger trocken.

Tanja steckte das Gel ein und sah mich an.

»Deine? Mit Spiegeleiern und Möhren drauf?«

Ich vergrub die kalten Hände in den Hosentaschen.

»Die ist von früher.«

Sie sah mich ungläubig an.

»Ich wusste nicht, dass du je so eine Hose besessen hast.«

»Die war immer ganz unten im Schrank.«

Wir gingen über einen Zebrastreifen, und Tanja machte ungläubig »Aha«.

»Die habe ich mal geschenkt gekriegt, bestimmt zehn Jahre, bevor wir zusammen waren.«

Tanja zog beide Augenbrauen hoch, wie es eigentlich nur Apotheker oder der Mann am Fischstand tun, wenn sie über ihre Brillen gucken und fragen, ob die Kinder einen Traubenzucker oder Lolli haben dürfen.

»Und warum schmeißt du sie jetzt unter das Waschbecken, nachdem du sie 20 Jahre vor mir versteckt hast?«

»Habe ich nicht. Das Gummi ist alt und morsch, und ich wollte sie aussortieren.«

Tanja bugsierte mich nach rechts.

»Die hättest du schon vor 20 Jahren aussortieren sollen.«

Ich sah sie an.

»Das sagt die Richtige.«

Offenbar hatte sie ein konkretes Ziel und zog mich weiter.

»Ich habe nicht so alte Wäsche.«

Es roch nach Bratäpfeln.

»Die hab ich geschenkt bekommen, deshalb hatte ich sie aufgehoben.«

Tanja suchte etwas in ihrer Handtasche, schloss diese dann aber wieder und hängte sie sich vor den Bauch.

»Ich habe noch nie gesehen, dass du eine Möhren-Eier-Hose anhattest.«

Ich blieb stehen.

»Schatz, wollen wir mal durch die Wohnung gehen und gucken, was da alles von dir rumsteht?«

Tanja drehte sich nur kurz um, ging aber weiter.

»Bestimmt steht da nichts, was ich nicht brauche.«

»Dann muss man aber auch »Deko« als brauchen bezeichnen ...«

Sie nickte zum Crêpestand.

»Wir leben in einem Haushalt mit Kindern, da stehen natürlich Sachen rum. Willst du auch mit Apfelmus oder nur Zimt und Zucker?«

Ich zuckte die Schultern.

»Auch wenn du es nicht wahrhaben willst: Enno wohnt schon seit einem halben Jahr nicht mehr zu Hause, und Elfie ist achtzehn! Ich würde Nutella nehmen.«

»Trotzdem ist es ja wohl noch eine Familienwohnung.«

Sie zückte ihr von Quittungen und Haargummis überquellendes Portemonnaie und bestellte die zwei Crêpes.

Ich zog meine Hände aus den Taschen, rieb sie aneinander, hielt sie vor den Mund und blies warme Luft hinein.

Die Verkäuferin trug mindestens drei Pullover übereinander und verstrich den Teig mit einer Art Holz-T-Stück auf der randlosen Herdplatte zu einem hauchdünnen Pfannkuchen. Dann hustete sie in ihre Ellenbeuge, und eine Millisekunde fragte ich mich, ob ich wirklich einen Crêpe wollte oder lieber irgendetwas von einem Roboter in Plastik Eingeschweißtes. Tanja legte einen Zehneuroschein auf die gläserne Anrichte und sagte: »Geben Sie mir bitte einen zurück.«

Dann zog sie zwei Papierservietten aus dem silbernen Spender und hielt mir eine vors Gesicht.

»Danke Schätzchen, aber nur um die Deko-Frage noch mal zu Ende zu sagen: Es fängt doch schon in der Küche an – wer braucht zwei Salz- und zwei Pfefferstreuer?«

Sie zog den Kopf mit einer kurzen Schüttelbewegung ein Stück zurück.

»Haben wir ja gar nicht.«

Automatisch bewegte sich mein Kopf ebenfalls einige Zentimeter nach hinten, ohne Schüttelbewegung, einfach gerade. Vielleicht kniff ich die Augen ein ganz klein wenig zusammen.

»Natürlich: zwei im Hängeschrank über dem Herd und dann noch die hässlichen auf dem Esstisch.«

Tanja sah mich skeptisch an.

»Das Pärchen?«

Ich hob die Schultern.

»Ja, ist doch doppelt.«

»Das war ein Geschenk von Anita!«

Ich blies mir noch mal warme Luft in Serviette und Hände.

»Von wem auch immer. Es ist ein Paar aus Ton, das sich umarmt. Wo Salz und Pfeffer aus dem Kopf kommen, und man nie weiß, welcher welcher ist.«

Sie beobachtete, wie ihr Crêpe gewendet wurde.

»Ich finde die niedlich.«

Mit einer geschickten Drehbewegung landete auch meiner auf der anderen Seite, dann wendete sich die Frau nach hinten und hustete über die Reserveschüsseln mit Apfelmus und einige Flaschen Grand Marnier.

»Die kannst du nur aus Angst niedlich finden, falls Anita mal vorbeikommt.«

Tanja wischte Zuckerkörnchen von ihrem Platz der Ablagefläche. Dahinter standen Pyramiden aus Nutellagläsern, jede Menge Bananen und Nullkommadrei-Plastik-Wasserflaschen.

»Nehmen sie dir zu viel Platz auf dem Tisch weg?«

Ich lehnte mich mit dem Rücken an die Ablage und zog den Kopf zwischen die Schultern in die Wärme meiner Jacke.

»Die kann ich ja wegschieben, ich finde die ganzen Duftkerzen und Windlichter viel schlimmer.«

»Die stehen ja nicht auf dem Esstisch.«

»Aber sonst überall.«

Sie stellte ihre Handtasche auf die geputzte Fläche, öffnete sie und warf einen Blick auf ihr Handy.

»Du hast selbst gesagt, wir wollen nicht nur Licht von oben, sondern auch mal was Gemütliches.«

Ich wollte nicht abstreiten, das mal gesagt zu haben, hatte dabei aber ganz offenbar etwas anderes vor mir gesehen als meine Frau.

»Mal eine einzelne Kerze finde ich ja auch okay – ich find's nur lustig, dass alle deine Freundinnen jedes Mal eine Duftkerze oder ein Windlicht mitbringen.«

Sie lächelte mich an.

»Ich freu mich darüber.«

Während ich »Hm« machte, stellte die Verkäuferin uns die beiden Crêpes hin. Wie zwei flach gefaltete Päckchen lagen sie dampfend auf den dünnen Pappunterlagen. Da es nur Holzgabeln gab, verzichtete ich auf Besteck und versuchte, den vorderen Rand der Pappe unter dem Crêpe nach hinten wegzuklappen, um das dann vorstehende Stück abbeißen zu können. Doch der labberige Teig klebte auf der Pappe, und ich musste mich zuzelnderweise durch das heiße Teil durchsaugen. Tanja quapschte das Apfelmus zwar direkt an der Gabeleinstichstelle heraus, doch dann gelang es ihr, mundgerechte Stücke mit den Zinken abzulösen. Sie ließ die einzelnen Happen vor ihrem Mund abkühlen und war schon wieder gesprächsbereit, während ich noch versuchte, einen Bissen abzubekommen, ohne die Unterlage zu erwischen oder mich komplett mit Schokosoße zu bekleckern.

»Du hast dich sogar über das Wikingerhorn-Trinkglas von Arno gefreut – was soll man denn bitte damit?«

Mit den Lippen an der Pappe zuckte ich hilflos die Schultern.

»Und das Gesicht, aus dem Toilettenpapier rauskommt?«

»Das waren Männergeschenke«, versuchte ich mich halb durch den Teig hindurch, halb darüber hinweg zu rechtfertigen.

Tanja deutete auf meine linke Wange, ich wischte mit dem Handrücken darüber. Sie nickte, offenbar hatte ich die richtige Stelle erwischt.

»Die Windlichter kann ich jeden Tag anmachen.«

Mir gelang ein großer Bissen und erweckte die Hoffnung, dass sich der hintere Teil besser lösen würde.

»Du hast auch Eier als Türstopper geschenkt gekriegt.«

Tanja faltete ihre Pappe um die Holzgabel, wischte sich mit der Serviette, die wie die Servietten aller Eisdielen an die Saugkraft von Alufolie erinnerte, ihre Mundwinkel sauber und warf das Päckchen in die Mülltonne.

»Was denn für Eier?«, fragte sie.

Ich zog den zähen Rest des Crêpes mit der Hand von der Pappe und steckte ihn in den Mund. Wischte mit dem Handrücken nach und war froh, endlich fertig zu sein.

»Beim Grillen letztes Jahr hat Jörn dir doch die Türstoppereier geschenkt.«

Tanja konnte sich angeblich nicht daran erinnern, jemals etwas in »Hodenform« geschenkt bekommen zu haben, und fand den Gedanken daran derart widerlich, dass ihr im Nachhinein der Crêpe nun nicht mehr schmeckte.

Ich stimmte ihr zu.

»Deswegen kann man diese ganzen Verlegenheitsgeschenke auch gleich in die Tonne hauen. Und wenn man schon fünf Duftkerzen geschenkt bekommen hat, kann man die sechste auch gut weiterverschenken und muss sie nicht auch noch aufs Fensterbrett stellen.«

Tanja sah mich verständnislos an. Statt einen schönen Schlusssatz gesagt zu haben, hatte ich anscheinend Öl ins Feuer gegossen.

»Aber doch nicht, wenn es von guten Freunden kommt.«

Wir gingen los, ich zog meine Jacke wieder bis nach oben zu und legte meinen Arm um Tanja.

»Die siehst du alle paar Monate … «

Sie zog ihre Hände in die Ärmel.

»Ist ja aber auch total unhöflich. Stell dir mal vor, du besuchst jemanden, und da steht dann das Teil, das du gerade einem Freund geschenkt hast.«

»Aber wenn alle ehrlich wären, wär's kein Problem. Jeder weiß doch, dass es eigentlich keinen Sinn macht, blöde Geschenke aufzuheben, sondern alle machen es nur aus Angst, der Schenker könnte erfahren, dass man das Geschenk doof findet. Vielleicht kriegt man das Gleiche dann sogar noch mal, weil der andere denkt, man fand sein Geschenk toll. Allein davor muss man sich auch selbst schützen.«

Tanja schien mich nicht zu verstehen.

»Du würdest dich doch aber auch wundern, wenn Ingo die Schürze mit dem nackten Oberkörper drauf nicht mehr hätte.«

Ich sah sie an.

»Er benutzt sie doch!«

»Er hat dir ein Foto damit geschickt, deshalb weißt du doch nicht, ob er sie wirklich benutzt oder nur einmal übergehängt hat, um ein Foto für dich zu machen, damit du denkst, er kann sie gebrauchen.«

Ich schüttelte den Kopf.

»Er fand sie doch total lustig.«

Tanja zog die Augenbrauen hoch.

»Auf einer Party ist es vielleicht kurz lustig, aber du kannst mir doch nicht erzählen, dass du glaubst, er braucht so was wirklich.«

Irgendwie redeten wir aneinander vorbei.

»Ich fand's aber trotzdem ein gutes Geschenk, weil er gerne grillt –, aber was bitte sollte ich denn mit dem Bilderrahmen, den er mir mal geschenkt hatte, in den man Bier zu dem Foto gießen kann?«

Und endlich stimmte sie mir zu.

»So was ist ja echt Quatsch.«

»Sag ich ja. Nur weil man gerne Bier trinkt, will man es ja nicht gleich überall – und schon gar nicht im Bilderrahmen haben.«

Tanja legte ihren Arm um meine Hüfte und steckte die Hand in meine Hosentasche.

»Da ist Elfie echt konsequent, die schenken sich nichts mehr untereinander, was nicht sinnvoll oder nachhaltig ist.«

Ich machte »Hm« und versuchte, sie unbemerkt an einem Stand mit Tannenbaumdekoration vorbeizulotsen.

»Guck mal, da drüben gibt es Glühwein.«

Tanja kuschelte sich an mich.

»Auja. Ich meine nur, weil ich schon den Eindruck habe, dass viele aus ihrer Generation wirklich etwas verändern wollen und versuchen, so überflüssige Dinge zu vermeiden.«

Ich lehnte mich an den Tresen.

»Hmh.«

Wobei mir auffiel, dass ich immer öfter nonverbal, aber doch mit im HNO-Bereich erzeugten Lauten versuchte, an Unterhaltungen teilzunehmen. Offenbar hatte ich diese Eigenschaft von meinem Vater geerbt, der so gut wie jedes Gespräch am Esstisch kauend mit geschlossenem Mund durch ein »M« begann. Ein Geräusch, das irgendwo in den Bronchien um die Stimmbänder herum und oberhalb des Gaumensegels entstand, alternativ gab es das auch nasal. Dieses »M« beherrschte er in diversen Variationen, mal eher mit einem »H« davor, mal dahinter, also »Mh« oder »Hm« in unterschiedlichen Tonlagen und mit Betonungsschwerpunkten. Und was für Außenstehende nach unkontrollierten Essgeräuschen klingen mochte, war für meine Mutter und uns Kinder Vorbote eines möglicherweise nach dem nächsten Happen kommenden Satzes.

Tanja war zwar mit der Gewohnheit meines Vaters nicht seit Kindheitstagen vertraut, lies derartige Laute aber als Teil unserer Konversation gelten. Sie wischte sich einen Wassertropfen von der Nasenspitze und holte ein Taschentuch aus der Handtasche.

»Ist halt ein Ritual, sich etwas mitzubringen als Gastgeschenk.«

Ich bestellte zwei Becher Glühwein.

»Klar. Aber das Beste an der Situation mit dem Virus ist, dass man diese ganzen Rituale einfach lässt und nix vermisst. Finde ich.«

Tanja putzte sich die Nase und sprach in das Tuch.

»Den Zusammenhang verstehe ich nicht.«

Ich zog mein Portemonnaie aus der Tasche.

»Händeschütteln ist ja normal, aber diese dauernden Küsschen-begrüßungen fehlen mir absolut nicht.«

Sie steckte das Taschentuch in eine Pappschachtel, die aus dem Mülleimer unter dem Deckel hervorlugte.

»Musst du doch auch nicht.«

Der Glühweinverkäufer stellte zwei Getränke vor uns.

Ich hielt ihm einen Schein entgegen.

»Danke! Geben Sie mir bitte zwei zurück?«

Tanja legte beide Hände um ihren Becher. Ich nahm einen kleinen Schluck, doch es war viel zu heiß.

»Machen wir aber trotzdem mit fast jedem. Egal wie gut man sich kennt, dauernd liegt man sich im Arm – wie früher nur mit der engsten Familie oder mit Freunden, die man ewig nicht gesehen hatte.«

Tanja pustete vorsichtig über ihre Hände hinweg auf die Oberfläche ihres Glühweins.

»Aber ich freu mich ja auch, wenn ich eine Freundin treffe.«

Ich pustete ebenfalls.

»Früher hat man sich auch genauso gefreut, ohne sich immer zu küssen. Und das habe ich mir echt vorgenommen, auch wenn wir eines Tages wieder viele Leute treffen, werde ich die Begrüßung von jetzt beibehalten.«

Sie wog den Kopf hin und her.

»Aber Ellenbogen oder Füße aneinanderhalten ist ja nun auch nicht toll.«

Ich riskierte einen Schluck.

»Nicken reicht doch – reicht in anderen Ländern schon immer, und die Leute mögen sich trotzdem.«

Meine Frau guckte skeptisch.

»Wo – in Japan oder wo?«

»Japan und ich weiß nicht wo sonst noch überall.«

Sie roch an ihrem Wein.

»Da gehört das auch zur Kultur.«

»Wenn wir Sushi essen können, dann können wir doch auch nicken wie Japaner.«

Sie setzte zwar noch den Becher an, um einen Schluck zu trinken, zeigte dabei aber schon deutliche Zweifel.

»Klar kannst du nicken, ich weiß nur nicht, ob es jemand versteht.«

»Man kann nicken und dabei meinetwegen auch ›guten Tag‹ sagen, das ist ja eigentlich nicht so schwer zu verstehen«, räumte ich ein.

Sie stellte ihr Getränk ab.

»Mach wie du meinst, ich will mir nur nicht vorschreiben lassen, wie ich meine Freunde begrüße.«

Ich leerte meinen Becher und stellte ihn daneben.

»Macht ja keiner, ich habe ja nur gesagt, was ich mir vornehme, vor allem, weil ich's ehrlicher finde. Wenn ich jemanden wirklich liebhabe und mich tatsächlich freue, ihn oder sie zu sehen, kann man sich natürlich umarmen und küssen, so viel man will. Nur eben nicht jeden.«

Tanja zog ihre Hände wieder in die Ärmel, hakte sich bei mir ein, und wir gingen weiter.

»Mach. Du neigst nur dazu, dann immer gleich von allen um dich herum zu verlangen, es genauso zu machen wie du.«

Wir schlenderten weiter durch die Kälte langsam zurück nach Hause.

»Ich verlange gar nix, jeder kann machen, was er will.«

Sie sah mich von unten an.

»Ich erinnere dich dran!«

»Woran?«

»Dass jeder machen kann, was er will.«

»Wann willst du mich daran erinnern?«

»Wenn man wieder rauskann und jeder macht, was er will. Wenn ich ein Windlicht geschenkt bekomme und mich darüber freue oder wenn du wieder eine alberne Partyschürze besorgst, in der Annahme, dass irgendjemand außer dir das lustig oder geschweige denn sinnvoll findet.«

Ich setzte meine Mütze auf.

»Das Gespräch verstehe ich jetzt zwar nicht, aber mach, was du meinst.«

Den ganzen Heimweg sprachen wir nicht mehr. Ich hatte nicht den Eindruck, dass sie sauer auf mich war, ich war es jedenfalls nicht auf sie. Wir genossen einfach die Stille. Menschen liefen umher, mit Nerzmantel oder Parka, die einen eilig, andere ziellos. Manche flanierten auch so durch den Matsch wie wir, hingen ihren Gedanken nach und hofften auf Inspiration für Geschenke. Mir fiel ein, dass Elfie unbedingt Schleifpapier oder was zum Abbeizen haben wollte. Seit sie mit Murat zusammen war, konnte sie die schwarze Farbe an ihrem Schreibtisch nicht mehr ertragen und hatte ihn mit einem Bettlaken abgedeckt. Aber da kein Baumarkt in der Nähe war, schlenderte ich weiter neben Tanja her, ohne etwas zu sagen.

An irgendeiner Würstchenbude kam mir der Gedanke, dass der Sinn von einem Geschenk, und selbst dem sinnlosesten Geschenk, rein in dem Akt des Schenkens lag. Ein klares Ritual. Ein Mensch möchte dem anderen eine Freude bereiten, eine Emotion auslösen in dem Augenblick der Geschenkübergabe. Dabei freut sich der Schenkende auf die Reaktion des Beschenkten. Sobald diese erfolgt, ist seine Mission erledigt. Der Beschenkte schenkt dem Schenkenden ein Lächeln, eine Umarmung oder gibt ihm einen Kuss. Das Geschenk selbst tritt dann in den Hintergrund und hat seine Aufgabe als Auslöser dieser emotionalen Handlung erfüllt und macht beide glücklich.

Die Ampel sprang einfach nicht auf Grün. Obwohl kein Auto weit und breit zu sehen war, blieben wir stehen. Es könnte ja immer ein Kind gucken. Und dann dachte ich: Nee, Quatsch. Ein blödes Geschenk bereitet dem Beschenkten ja absolut keine Freude, sondern zwingt ihn zu einer Lüge oder zumindest der Darstellung einer nicht empfundenen Wahrheit. Da beide dem Ritual folgen, weiß der Empfänger des doofen Geschenkes um seine Aufgabe, den Schenkenden mit einem Lächeln zu belohnen, und bemüht sich, ein solches trotz fehlender Botenstoffe seines Gehirns herzustellen. Gelingt dieses Schauspiel, ist der zweite Akt der Vorstellung gelungen, der Schenkende bekommt durch die Reaktion des Beschenkten ein gutes Gefühl. Der Beschenkte aber hat nicht nur kein schönes

Geschenk bekommen, welches eine Dopaminausschüttung bewirkt und ihn froh gemacht hätte, sondern er hält einen sinnlosen Gegenstand in seinen Händen, den er nun auch über lange Zeit nicht mehr loswird, da ja das Ritual nicht nach dem Augenblick der Geschenkübergabe endet, sondern traditionell verlangt, dem Schenkenden auch noch nach Jahren die Möglichkeit zu geben, das Geschenk in der Wohnung des Beschenkten zufällig an einem ehrenvollen Platz entdecken zu können.

Ist der Beschenkte aber durch unangemessene Ehrlichkeit so dreist und verschenkt das Geschenk, zum Beispiel beim weihnachtlichen Wichteln, an einen willkürlichen Pechvogel, so nimmt er durch seine Tat dem ursprünglich Schenkenden die Möglichkeit des Entdeckens in der Wohnung des Beschenkten für immer. Sollte das Geschenk dann auf Nachfrage nicht mehr im Besitz des Beschenkten sein, würde dieser den Schenkenden damit vor große Probleme stellen: Er muss nun davon ausgehen, während der Geschenkübergabe vom Beschenkten belogen worden zu sein, indem dieser eine falsche Freude vortäuschte, oder aber der Schenkende zweifelt an der Wahrhaftigkeit der Freundschaft, da der Beschenkte ihn nicht wirklich an seinen Interessen teilhaben ließ, was dazu führte, dass er den Beschenkten offensichtlich derart falsch einschätzte, dass es zum Erwerb eines ungeeigneten Geschenkes kommen konnte.

In beiden, wenn auch unterschiedlich gelagerten Fällen ist nachher nichts mehr so, wie es vorher war, die Freundschaft endet im Streit oder verläuft im Sande. Sollte sich aber der Beschenkte dem Ritual prinzipiell verweigern und das Geschenk beim Auspacken als ungeeignet entlarven, so würde er zwar für sich in Anspruch nehmen können, dem Schenkenden im Augenblick der Übergabe gegenüber ehrlich zu sein, sähe sich aber der gleichen Frage ausgesetzt wie ein falsche Freude Vortäuschender, nur eben schon wesentlich früher.

Egal wie ich es drehte und wendete, mir wurde klar, eigentlich mit zweierlei Maß zu messen: Wenn ich von Tanja erwartete, die Duftkerzen weiterzuverschenken, hätte ich auch die Boxershorts nicht behalten dürfen.

Als wir wieder an dem Crêpestand vorbeikamen, war ich mir sicher, in Zukunft keine Geschenke mehr zu kaufen, ohne den zu Beschenkenden vorher nach der Artikelnummer der Dinge, über die er sich wirklich von ganzem Herzen freuen würde, gefragt zu haben.

»ICH HAB TOTAL LUST AUF EINEN PAGENSCHNITT.«

Tanjas Mutter hatte aus unerfindlichem Grund eine ärztliche Bescheinigung, welche sie vom Tragen der Maske befreite. Sie kam aber trotzdem beim Bäcker nicht rein und war bereit zu sterben, da sie in der Pandemie eine bereinigende Wirkung vermutete, welche die Menschheit wieder auf ein für den Planeten Erde erträgliches Maß reduzieren könnte. Zu diesem Zwecke erschien es ihr sinnvoll, wenn alle über 80-Jährigen dahingerafft würden, um Platz für die Jungen zu machen. Tanja weinte bitterlich, als sie mir beim Aufräumen der Küche von einem Telefonat mit ihrem Vater erzählte, der schon letztes Jahr erhöhte Leberwerte hatte, aber aus Angst, mit anderen Menschen im Wartezimmer sitzen zu müssen, nicht zur Kontrolluntersuchung ging.

Ich wischte den verklebten Rand der Ketchupflasche mit einer Serviette sauber, stellte sie kopfüber neben die Spüle und nahm meine aufgelöste Frau in den Arm.

»Es wird leider im Alter nichts besser«, versuchte ich, sie zu trösten.

Tanja schüttelte ihren warmen Kopf an meinem Hals und schniefte.

»Ich würde sie so gerne viel öfter sehen. Die Zeit rast, und wir sitzen alle hier in den Wohnungen, jeden Tag derselbe Mist, alle sind genervt, und die Menschen, die einem außer den Kindern am meisten bedeuten, vergammeln einsam.«

Ich wusste nichts Schlaues zu sagen, nickte nur zwischen ihren Haaren.

»Wenn alles vorbei ist, machen wir hier jeden Tag *open house,* ja? Alle können immer kommen, und wir holen alles nach. Ja?«

Ich nickte wieder. Auch wenn ich hoffte, ganz so *open* würde es auch dann nicht werden, wenn alles vorbei war.

Tanja wischte sich die Wange trocken und lächelte mich dankbar an.

»So wie vorhin, das *FaceTime*-Abendessen war echt eine tolle Idee von Silke.«

Ich strich ihr eine Strähne aus dem Gesicht.

»Ihr hättet aber auch einfach nach dem Essen telefonieren können. Das geht doch immer.«

Tanja löste sich von mir und machte sich die Haare zu einem Dutt.

»Ist doch aber auch schön, dass wir so mal wieder zusammen was gegessen haben.«

Ich trank einen Schluck Wasser und spülte den Lappen kurz aus, um den Tisch abzuwischen.

»Im Handy ... «

Tanja trank den Rest aus meinem Glas.

»Einladen geht ja nicht.«

»Ginge schon – sie ist doch jetzt allein. Eine Person ist erlaubt.«

Sie nahm die Ketchupflasche und stellte sie in den Kühlschrank.

»Sie hat aber jetzt auch kein Auto mehr.«

Ich stellte das sich umarmende Salz- und Pfefferpaar wieder in die Mitte des Tisches und kam zurück zur Spüle.

»Hatte sie denn das Gleiche gekocht wie wir?«

Tanja füllte sich Wasser nach und leerte das Glas in einem Zug.

Mit dem Handrücken wischte sie sich über den Mund und sah dabei aus wie unsere Tochter.

»Nee, das glaub ich nicht –, aber im Restaurant essen ja auch nicht alle das Gleiche.«

»Naja, aber letztlich ist es nicht doll anders, als wenn ihr beim Abendessen telefonieren würdet.«

Mein Bauch war irgendwie straff, als wäre der Magen aufgebläht. Tanja schrubbte den Boden vom großen Kochtopf mit einem Glitzischwamm.

»Finde ich nicht, so haben wir uns doch alle mal wieder gesehen.«

Ich nahm einen Averna aus dem Schrank und schenkte einen Schluck in das leere Wasserglas.

»Ich habe nix gesehen. Du hast doch die Kamera auf dich gerichtet und das Handy an den Topf mit dem Broccoli gelehnt – da stand für mich die Soße vor, da konnte sie mich natürlich auch nicht sehen.«

»Aber es war in der Mitte vom Tisch.«

»Ja, aber von der Seite kann man eh nichts auf dem Display sehen, und wenn die Soße davorsteht noch weniger.«

Der Kräuterschnaps lief mir heiß durch den Hals, ich lehnte mich mit dem Glas in der Hand an den Küchenblock.

»Ist ja auch wurscht, es ist für sie wahrscheinlich eh besser, nur noch mit Ton zu telefonieren – ohne Bild.«

Tanja spülte den Topf ab und griff zum Handtuch.

»Hä? Wieso?«

Ich trank den Rest.

»Du hast doch gesehen, wie sie jetzt aussieht.«

»Wie gemein bist du denn?«

»Ich habe ihr die Haare nicht abgeschnitten.«

Sie verstaute den Topf unter den anderen Töpfen und schloss den Schrank.

»Das steht ihr ja wohl total gut.«

So überzeugt, wie sie das sagte, musste ich davon ausgehen, dass sie es wirklich so empfand –, und fragte mich, wie unterschiedlich wir die Welt sahen.

Sie wischte abschließend noch einmal durch die Spüle und hängte den Lappen über den Wasserhahn.

»Außer dir wird das auch jeder so wahrnehmen.«

Nach dem Essen wollten wir eigentlich noch zusammen einen Film gucken, also machte ich mich auf den Weg zur Couch.

»Solange du nicht auf die Idee kommst, dir auch so eine Frisur zu machen, ist es mir ja egal.«

Tanja stoppte mich auf halbem Weg.

»Manchmal überlege ich schon.«

»Willst du mich ärgern, oder meinst du das ernst?«

»Es sieht viel frischer aus, und ich verspreche dir, mein Schatz, du musst dich mit mir nicht schämen.«

Ich ging zögerlich weiter auf die rettende Couch zu.

»Aber warum solltest du das tun?«

Tanja zuckte mit den Schultern und meinte, sie hätte schon lange »total Lust auf einen Pagenschnitt«.

Ich setzte mich in die Ecke des Sofas.

Noch nie hatte ich gehört, dass man Lust auf einen Haarschnitt haben konnte. Auf ein Eis, ja, einen Film zu gucken oder mal in den Urlaub zu fahren, aber Lust auf einen Haarschnitt klang so, als ob man damit irgendwas Tolles machen konnte. Früher besaß ich einen Kamm, später eine Bürste, mit der ich mir einen Scheitel gekämmt habe. Das war dann die Frisur, aber nichts, was mir besondere

Freude bereitet hätte. Ich benutzte auch verschiedene cremeartige Produkte, so ähnlich wie Wachs, die sich aber leichter von den Händen waschen ließen, doch es bereitete mir keinen besonderen Spaß, geschweige denn Lust.

Und mit einem Pagenschnitt verband ich nichts. Nur Mireille Mathieu.

Allein schon um nicht beim Anblick meiner wirklich immer noch sehr attraktiven Frau dauernd an diese winzige französische Sängerin erinnert zu werden, sagte ich:

»Aber da bist du doch gar nicht der Typ dafür.«

Tanja fasste sich in ihre jetzige Frisur. Die einfach ganz normal schick war, so wie ich sie schon immer kannte. Leicht lockige, lange Haare in Braun. Sie gehörten so zu ihr.

»Ich kann ja aber nicht mein Leben lang mit den gleichen langen Haaren rumlaufen, die sehen unten schon total räudig aus.«

Ich kannte das Problem aus der Werbung, neben Volumen und Spannkraft offenbar ein wichtiges Thema, und schlug ihr vor, sie solle doch einfach die Spitzen schneiden, so wie sie es schon mal gemacht hatte, auch bei unserer Tochter. Doch es war ihr zu wenig.

»Das ändert ja nichts, und nur deinetwegen habe ich sie mir noch nie abgeschnitten.«

Ich hielt das leere Glas so lange über meinen Mund, bis endlich noch ein Tropfen heraustrullerte.

»Das ist lieb, aber ich glaube, das ist und war auch immer in deinem Interesse.«

Tanja zog sich eine Strähne unter die Nase.

»Sie würden ja wieder wachsen.«

Klar, dachte ich, aber bis aus einer Mireille Mathieu auch nur ansatzweise etwas wird wie Tina Turner oder Brigitte Bardot, kann das

Jahre dauern. Davon aber ganz abgesehen, hielt ich eine plötzliche Kurzhaarfrisur immer für ein deutliches Zeichen.

»Schatz, Olaf hat sich von Silke getrennt, das ist doch eine völlig andere Situation. Die ist jetzt Single.«

Tanja lehnte sich an den Küchenblock und verschränkte die Arme.

»Das hat doch damit nix zu tun.«

»Natürlich – sie hat nix mehr zu verlieren.«

Sie kniff die Augen zusammen.

»Das heißt, du würdest dich von mir trennen, wenn ich mir die Haare schneide?«

Auch meine Erklärung, dass Silke sich die Haare nach der Trennung geschnitten habe, ich es also gar nicht so gesagt hatte, wie Tanja es verstanden haben wollte, hielt sie nicht von der weit hergeholten Schlussfolgerung ab, dass wir gar nicht zusammen wären, wenn sie früher kurze Haare gehabt hätte. Also erwiderte ich: »Das kann man ja so nicht wissen, aber ich hätte dich wahrscheinlich nicht so schnell angesprochen.«

Sie fühlte sich offensichtlich ein wenig auf den Schlips getreten, sagte ironisch »Danke!« und drehte sich weg.

»Was ist das auch für eine Frage?«, rief ich.

Tanja schlug die Kühlschranktür absichtlich kräftig zu und öffnete sich mit der Bemerkung, wir Männer seien einfach primitiv, eines von meinen Bieren.

Instinktiv stand ich auf, um nachzusehen, ob noch genug Flaschen kalt lagen, musste dabei aber leider feststellen, dass mein vermeintliches Kompliment, »wir Männer mögen schöne Dinge« nicht als solches wahrgenommen wurde, sondern Tanja vielmehr veranlasste, in eine höhere Stimmlage zu verfallen.

»Dinge? Wir sind für euch Dinge, oder was?«

»Hallo – das habe ich nicht gemeint, sondern dass die meisten Frauen mit langen Haaren einfach besser aussehen. Die meisten sind damit schöner.«

Sie nahm einen Schluck und holte innerlich Schwung.

»Anne Hathaway, Pink, Meg Ryan – alle hässlich?!«

»Nein.«

»Aber Silke und ich schon?«

»Du doch nicht – bei Silke finde ich … «

Ihre Augen zogen sich zusammen.

»Hässlich!«

»Ich sage nur, sie hat mit langen Haaren besser ausgesehen.«

Die Sehschlitze weiteten sich wieder, gingen dann aber über in einen überheblich rollenden Vorwurfsblick.

»Für die Augen eines Primaten.«

Ich hob beschwichtigend die Hände.

»Von mir aus, bitte – finde es primitiv. Ich sag nur, dass Männer es so sehen und die meisten Frauen sich tatsächlich die Haare kurz schneiden, weil sie ein Problem haben oder einen neuen Lebensabschnitt anfangen wollen und es mit der Frisur nach außen zeigen.«

Ihre Augen blieben überdurchschnittlich geweitet.

»Ach so. Welches Problem hat denn zum Beispiel Pink?«

Ein ähnliches wie Mireille Mathieu, dachte ich.

»Ist die nicht auch so winzig klein?«

»Hä? Vielleicht fünf Zentimeter kleiner als ich.«

Ich konnte mich nicht erinnern, dass wir beide vorher jemals schon so nebeneinander am Küchenblock gelehnt und Bier getrunken hatten. Das hatte eigentlich etwas Romantisches.

Also versuchte ich, kompromissbereit zu erklären, dass fünf Zentimeter kleiner als sie natürlich noch nicht wirklich klein wäre und es ja auch egal ist, solange die genannten Damen alle glücklich seien. Das funktionierte so weit, dass sich ihre Augen auf eine normale Größe zusammenzogen und sie wieder etwas ruhiger sprach.

»Ich versuche, dir nur zu sagen, dass eine Kurzhaarfrisur nicht das Ende der Welt ist und ich es schön finden würde, wenn du nicht immer gleich alles und jede Veränderung blöd findest, sondern mir auch die Chance gibst, das so zu machen, wie ich will und mich wohlfühle.«

Ich nickte, gab aber zu bedenken: »Du kannst machen, was du willst –, ich würde nur die Kinder vorher einmal fragen, weil ich mir nicht vorstellen kann, dass die das so toll finden.«

Sie lächelte.

»Weißt du, wie oft ich mit Elfie schon darüber gesprochen habe?«

»Enno ist da aber bestimmt anderer Meinung.«

Tanjas Magen grummelte hörbar. Sie öffnete den Kühlschrank und meinte, ich würde unseren Sohn negativ beeinflussen und versuchen, ihm eine anachronistische Sicht auf die Welt zu vermitteln. Ich erinnerte sie daran, dass unser Sohn ein ganz normaler junger Mann sei, der sehr wohl wisse, wonach er gucken müsse, und darin offenbar so erfolgreich war, dass er kaum noch eine Unterhose brauchte. Das wiederum verleitete sie dazu, sich zu fragen, was mich von einem Höhlenmenschen unterscheide.

Ich ging um den Küchentresen herum, setzte mich auf meinen Platz am Esstisch und streckte die Beine aus.

»Ich glaube einiges … aber manche Dinge sind schon immer wahr, weil sie einfach logisch sind. Und dazu gehört, dass sich nur in den seltensten Fällen eine Frau entscheidet, die Haare kurz zu schneiden, weil sie dann besser aussieht, sondern immer, weil sie damit zeigen will, dass sie sich verändert hat.«

Unbefriedigt schloss sie die Kühlschranktür.

»Aber Veränderung macht doch auch Spaß, ein neuer Look ist doch toll, und man sieht, dass man sich auch optisch oder modisch weiterentwickelt und mit der Zeit geht.«

Ich kratzte mich mit dem großen Zeh des rechten Fußes unter dem linken Fußballen.

»Das ist vielleicht ein neuer Look, in den man sich entwickelt, aber in eurem Alter sieht es dann eben vor allem alt aus.«

Tanja sah mich entsetzt an.

»Find ich überhaupt nicht. Außerdem ist doch egal, was die anderen denken, man macht es ja auch für sich.«

Es fühlte sich an, als ob etwas Pieksiges innen in der Socke steckte.

»Dann ist doch alles gut. Sehr wahrscheinlich bleibt man damit ja auch lange allein.«

»Meine Herren … du hast einfach überhaupt keine Ahnung.«

»Dann nicht.«

Endlich hatte ich es. Eine Tannennadel steckte so verwoben in meinem linken Strumpf, dass sie nur mit Zeigefinger und Daumen herauszuziehen war.

Tanja stellte ihr Bier neben das Spülbecken.

»Mia Farrow – sagt dir was?!«

»Ja.«

»Ein Weltstar.«

»Ja. Aus einem Gruselfilm. *Rosemaries Baby* – da konnte ich wochenlang nicht schlafen.«

»Aber ja wohl wegen der Geschichte, nicht weil sie kurze Haare hatte! Und sie war eine der begehrtesten Frauen überhaupt.«

Ich zog die Mundwinkel unmerklich nach unten, sagte: »Kann

ich nicht beurteilen« und nahm einen kleinen Schluck. Dann verschränkte ich die Arme. Endlich kratzte nichts mehr.

»Dann nimm Halle Berry. Die war Model und dreimal verheiratet mit den tollsten Männern.«

Was für ein dummes Argument, dachte ich und lachte:

»Da sagst du es ja selbst!«

Aber sie schien nicht zu verstehen.

»Was?«

Ich sah sie an.

»Dreimal verheiratet sein kann man ja nur, wenn man auch mindestens zweimal verlassen wurde. Oder?«

Ihre Augen weiteten sich.

»Woher willst du denn wissen, warum die Beziehungen auseinandergegangen sind?«

»Natürlich weiß ich es nicht ganz genau, aber es ist ja wohl sehr naheliegend.«

»Wieso?«

»Schnipp, schnapp?«

Tanja fummelte den Kronkorken wieder aus dem Müll, drückte ihn auf die Flasche, stellte diese in den Kühlschrank und ging ins Bad.

»Irgendwann mache ich es«, murmelte sie im Flur.

Ich hörte, wie sie sich die Zähne putzte und das Fenster im Schlafzimmer ankippte. Dann verschwand sie wortlos im Bett.

Nachdem ich mein Bier ausgetrunken hatte, schnappte ich mir ihre Flasche. Sie schien nur wie ein kleiner Spatz daran genippt zu haben. Warum ich mich nicht auf das Sofa setzte oder den Fernseher anmachte, weiß ich nicht. Ich ging zurück an den Esstisch, setzte mich dieses Mal auf Tanjas Platz und saß da einfach so vor mich hin und konnte nicht glauben, dass wir den ganzen Abend mit einer sinnlosen Diskussion über Haarfrisuren verbrachten, und ich fragte mich, ob es nicht in Wahrheit um ganz etwas anderes ging. Etwas ganz Elementares …

Irgendwann war ich müde, ging ins Bett und löffelte mich an Tanja. Und plötzlich sah ich Paula vor mir. Eine meiner ersten Freundinnen. Sie hatte raspelkurzes Haar und war bildschön. Und sie hatte wahrlich kein Problem, sondern ich, weil sich schnell rausstellte, dass ich nicht der Einzige war, der sie verehrte.

Ich gab Tanja einen zarten Kuss. Sie atmete tief und gleichmäßig, und ich flüsterte: »Gute Nacht, mein Schatz. Ich liebe dich sowieso, egal mit welcher Frisur.«

»WIR HABEN JA NOCH UNS.«

Die Tür fiel ins Schloss, und alles war vorbei.

Tanja heulte, und ich guckte aus dem Fenster. Bis Elfies Wagen um die Ecke bog, dann heulte ich auch. Wochenlang hatte ich mich auf diesen Augenblick vorbereitet, mir zigmal vorgestellt, wie es sein würde, und war mir sicher, dass ich mich unter Kontrolle haben werde. Aber ich war schon immer ein Mann, der weint, wenn es traurig ist oder herzergreifend. Und wenn die Tochter alles aus ihrem Zimmer räumt und in einen Transporter packt, um 600 Kilometer entfernt in eine WG zu ziehen, dann ist das traurig. Sie freute sich natürlich, wir uns auch mit ihr, aber insgeheim wollten wir sie lieber bei uns behalten.

Aber jetzt war sie weg, hatte ein Abo für die neuesten Seiten im Strafgesetzbuch und wusste nicht, ob sie es zu meinem Geburtstag in zwei Monaten nach Hause schaffen würde.

Tanja und ich schluchzten, als wir eng umschlungen den Vorhang schlossen, doch dann nahm ich die Sektflasche von Ostern aus dem Kühlschrank, füllte Eiswürfel in Wassergläser, und wir setzten uns an den Küchentisch.

»So«, sagte ich, als Schlusspunkt.

Obwohl ich versuchte, langsam einzugießen, sprudelte alles über. Eigentlich ein Anlass für Tanja, sofort aufzuspringen, doch am Tag des Auszugs war ihr das Holz egal. Sie wischte die Hand an der Hose ab und guckte mich aus gläsernen Augen an.

»Prost, mein Schatz, auf unsere Kleine!«

»Unsere Große.« Ein Kloß verschnürte mir den Hals, und ich fühlte einen Tropfen in meiner Nase nach unten schleichen.

»Und jetzt?«

Tanja sah zur Seite und nickte. Sie machte einen stoßartigen Ausatmer, irgendwie ein merkwürdiges Geräusch.

»Jetzt haben wir Zeit.«

»Hm«, machte ich.

»Zumindest müssen wir nix mehr abfragen.«

»Hm.«

»Hattest du dich noch mal wegen der Bienen erkundigt?«

»Nee, jetzt aktuell nicht.«

Seit ich denken konnte, aß ich jeden Morgen als Erstes ein Honigbrot, und als uns einige Monate vor Elfies Abitur bewusst wurde, dass wir danach nur noch zu zweit in der Wohnung sein würden, war die Imkerei als ein Hobby für mich eine Idee von ihr.

»Oder lass uns doch sonst wirklich einen Bootsführerschein machen«, griff Tanja meinen langgehegten Wunsch auf, ohne zu berücksichtigen, dass ich den Plan eigentlich mit zwei Freunden geschmiedet hatte. Sie nahm einen Schluck, die Eiswürfel klimperten, ein Geräusch, wie ich es eigentlich nur von Partys kannte.

»Es ist noch nicht einmal Mittag, und wir trinken.«

»Macht doch nichts.«

Sie schob das leere Glas über den Tisch.

»Wir haben ja keine Verantwortung mehr. Jetzt sind nur noch wir zwei hier. Beide Kinder sind weg, aber wir sind da und haben ja noch uns. Also, machen wir zusammen, was wir wollen.«

»Hm«, lachte ich so durch die Nase, wie man es macht, wenn

man eigentlich nur ausatmen will, aber noch eine Reaktion schuldig ist und deshalb dem Luftstrom einen aus dem Hals kommenden, für das eigentliche Ausatmen nicht nötigen Ton beimischt, der als zustimmendes, nasales Lachen aufgefasst werden kann.

Nach einem richtigen Lachen oder Nicken war mir nicht zumute.

Es war keine Panik, die da in mir aufstieg, aber durchaus die Sorge, trotz aller Wehmut heute nicht auch etwas Freiheit gewonnen, sondern meine Frau ab sofort und für immer an den Hacken zu haben.

Schließlich hatte Bernhard mir erzählt, dass seine Frau Ivanka nicht in der Lage war, alte Gewohnheiten aufzugeben und auch nach dem Auszug ihres Sohnes weiterhin dessen Geschirr und Besteck mit auf den Frühstückstisch legte und unbeirrt Schulbrote mit feiner Mettwurst und Salatblatt schmierte, die er dann mit zur Arbeit nahm. Ivanka ließ die Heizung im Kinderzimmer aufgedreht, und selbst, dass alle Turnschuhe unberührt vor der Treppe liegen bleiben sollten, machte Bernhard kommentarlos mit, weil er von Achim wusste, dass es sich eindeutig um ein *Empty-Nest*-Syndrom handelte.

Dessen Frau hatte den Schmerz über den Auszug des Kindes sogar als einen solchen Verlust erlebt, dass ihr alles egal wurde und sie sich in dem Zuge gleich auch von ihrem Mann getrennt hatte. Ingo schien es auf den ersten Blick besser gehabt zu haben. Seine Frau hatte die Kinderzimmer ihrer Zwillinge zwar über Nacht in ein Fitnessstudio und einen Bastelraum verwandelt, doch sie fand dann ihre neue Erfüllung in der gemeinsamen Ernährungsumstellung. Um den drohenden Wechseljahren ein Schnippchen zu schlagen, gab es nur noch Fleischersatzprodukte aus Soja, Alkohol war tabu, und das tägliche Telefonat mit den Kindern um 20 Uhr ein Muss.

All die Geschichten der Freunde schossen mir durch den Kopf, doch ich sagte nichts. Wir waren vollkommen eingenommen von der Trauer über den Auszug unserer Tochter, aber trotzdem riet mir eine innere Stimme, dass ich auf mich aufpassen musste.

»Ach, mein Schatz.«

Tanja stand auf, strich mir über den Kopf und holte den Sekt.

»Ich weiß, was wir machen: Nächste Woche ist ›Tag der offenen Gärten‹, und da gehen wir zusammen hin. Hm?«

Ich trank auf ex und hielt mein Glas hoch. Nächste Woche war Ausscheidung für die Herrenmannschaft, um in der darauffolgenden Woche den Klassenerhalt zu sichern. Ich konnte an einer Hand abzählen, wie oft Tanja in den letzten zehn Jahren mit zum Golf gekommen war, und hatte bisher vermieden zu erwähnen, dass ich die kommenden Tage – außer Mittwoch – nach der Arbeit im Club sein würde. Trotzdem sagte ich: »Das klingt interessant. Die Gärten. Können wir ja mal gucken.«

Sie sah mich an. Ihr Kopf war leicht geneigt, so dass sie ein wenig wie ein Hund nach oben blickte.

»Du musst dich gar nicht kümmern, ich mache für uns eine kleine Vorauswahl, und dann hole ich dich vom Büro ab. Hm?«

Ich nickte vor mich hin. Winzige Bewegungen von oben nach unten.

Man konnte unsere Situation wirklich nicht vergleichen. Nachdem die Kinder älter waren, hatte ich meinen Arbeitsplatz wieder überwiegend zurück in die Firma verlagert.

Für mich war sozusagen alles gut und würde auch im Gegensatz zu Tanjas Tagesablauf so bleiben. Ich fragte mich, wie sie ihre neu gewonnene Zeit wohl nutzen würde, hatte aber bei allem Mitgefühl nicht das Bedürfnis, nun anstelle der Kinder bemuttert zu werden. Sie strich mir tröstend über das Bein.

»Und was meinst du, was wir da dann auch schon alles über Bienenpflanzen erfahren, da gibt es ja selbst für den Balkon die tollsten Sträucher, die locken die richtig an.«

Klar, dachte ich, sie ist jetzt wirklich alles los. Enno in Bremen und nun auch noch Elfie in Heidelberg. Ich konnte ihr nicht hoch genug anrechnen, wie sehr sie in ihrer Mutterrolle aufgegangen war. Sie hatte sich all die Jahre zurückgenommen und auf die Kinder konzentriert. Wenn sich niemand meldete, hatte sie sich zur Elternsprecherin wählen lassen und für die Weihnachtsmärkte von Kita und Hockeyclub gebastelt. Hätte sie auf mich gehört und auch mal andere Eltern machen lassen, würde sie jetzt nicht in ein derart tiefes Loch fallen.

Ich stand auf und nahm Tanja in den Arm.

»Mein Schatz, wir kriegen das alles hin. Du musst dir um mich keine Sorgen machen.«

Ich schmiegte meine Wange an ihre, schob eine Strähne hinter ihr Ohr und flüsterte: »Aber du gehst jetzt doch nicht zum Friseur, oder?«

Ich spürte ihr Lächeln.

»Nein, mein Schatz.«

Ich strich ihr zart über das Haar.

»Obwohl das sicher nicht der perfekte Tag dafür ist, aber am liebsten würde ich …«

Sie zog ihren Kopf zurück und drückte mir einen Kuss auf den Mund.

»Später«, hauchte sie lasziv. »Aber jetzt gehen wir zu Chrissi, die hat gebacken, und ich nehme dich heute mit. Dann sitzt du hier nicht alleine in der leeren Bude, sondern hast was um die Ohren.«

Starr sah ich ihr in die Augen, dann auf den Boden. Meine Zehen wippten im Schuh, aber irgendwie brachte ich es nicht über die Lippen oder das Herz, ihr zu sagen, dass Jochen und die anderen im »Kronseck« saßen, um den ersten Spieltag der Bundesligasaison zu feiern. Ein Tag, auf den wir alle wochenlang gewartet hatten.

Auf dem Weg zu Chrissi kaufte ich eine Schachtel Zigaretten und ein Feuerzeug. Ich machte zwei an und hielt Tanja eine hin. 20 Jahre hatten wir als Eltern den Bogen gespannt und heute den Pfeil abgeschossen. Flieg, mein Schatz. Mami und Papi sind bei Chrissi, im Kronseck, auf dem Golfplatz oder zu Hause. Ganz egal wo – wir sind immer für euch da.

EIN PAAR WORTE HINTERHER …

Das Bild vom Bogen, den wir spannen, um unseren Kindern den Weg in eine eigene Zukunft zu bereiten, ihnen dabei Kraft und Visionen mitzugeben und dann eines Tages loszulassen, mag ich sehr.

So individuell wie jedes Elternpaar lebt, so unterschiedlich die äußeren Gegebenheiten auch sein mögen und so verschieden die Kinder sind: Die bedingungslose Liebe macht die Sehne stark.

Sicher war die Geburt ihrer Söhne oder Töchter für die meisten Eltern das glückbringendste und beeindruckendste Ereignis ihres ganzen Lebens. Und so sehr sie den Nachwuchs auch herbeigesehnt hatten, es kommt doch irgendwann jeder, der nicht einen Nachtbabysitter, ein Au-pair, eine Haushaltshilfe oder wenigstens fitte Großeltern in der Nähe hat, einmal an die Grenze der Belastbarkeit. Tendenz entsprechend der Sprösslingsanzahl steigend.

Und trotzdem ist es für die meisten von uns ein schrecklicher Augenblick, wenn wir die Finger vom Pfeil lösen und er beginnt zu fliegen. Es geschafft zu haben, die Kinder durch viele Irrungen und Wirrungen geführt und auf ihren Weg geleitet zu haben, ist ein fast ebensolcher Einschnitt in unser Leben, wie die Geburt es war, er hinterlässt eine trübe Lücke im Tagesablauf und unseren Herzen und stellt uns als Paar und Eltern wieder vor neue Herausforderungen.

Aber da dieses Buch kein Ratgeber ist und ich keine Ahnung habe, in welcher Phase Ihres (Familien-) Lebens Sie die Geschichten von Tim und Tanja gelesen haben, werde ich mir hier auf den letzten Seiten auch nicht anmaßen zu sagen, ich wüsste, wie es weitergeht.

Deshalb kann ich keine Ratschläge verteilen – ganz im Gegenteil: Lassen Sie uns lieber gemeinsam ein paar Fragen formulieren.

Was verändert sich nach dem Auszug der Kinder am meisten?
Der Tagesablauf? Die Einkaufsliste? Der Geräuschpegel?
Haben Sie Ihrem Partner oder Ihrer Partnerin überhaupt noch etwas zu sagen? Und wenn ja, was?
Haben Sie gemeinsame Ziele?
Brauchen Sie das Auto noch?
Haben Sie Einfluss auf die weitere Entwicklung der Kinder?
Kommen die Kinder Sie besuchen, oder fahren Sie hin?
Stellen Sie einen Heimtrainer ins Kinderzimmer?
Machen Sie beide jetzt alles zusammen? Oder gar nichts mehr gemeinsam? Erfinden Sie sich neu? Oder nur einer von Ihnen?
Bleiben Sie überhaupt zusammen?
Lieben Sie sich oder waren Sie die letzten Jahre eine gut eingespielte Zweckgemeinschaft?

Vielleicht stellen sich Ihnen aber auch gar keine Fragen. Vielleicht ist alles tatsächlich viel simpler, und die Zukunft kommt einfach auf uns zu. Ich weiß es nicht, aber ich werde weiter beobachten und verspreche, ich melde mich wieder, wenn ich schlauer bin.

DANKSAGUNG

Mein ganz herzlicher Dank geht an

Dr. Siv Bublitz vom S. Fischer Verlag für ihr großzügiges Vertrauen,

Martina Seith-Karow vom S. Fischer Verlag für die wunderbar offene Zusammenarbeit,

Miriam Strothjohann von der needagency

und Sohlea Emami für die PR-Arbeit.

Mein ganz besonderer Dank geht an meine großartige, liebevoll über mich wachende Lektorin Sabine Jürgens!

Ich danke meiner wundervollen Frau für ihre Geduld und das Einfühlungsvermögen, unter Pandemiebedingungen Kinder und einen schreibenden Mann unter einem Dach zu koordinieren.

Ich danke meinen Eltern für all ihre Liebe und den Zuspruch! Ich denke voller Freude an unsere »Märchenstunden« am Telefon.

Ich danke allen Verwandten, Bekannten und Unbekannten, die vielleicht gar nicht wissen, welch eine Inspiration sie sind.

Und ich danke allen Korrektoren, welche mir meine teilweise unkorrekte Grammatik zugunsten des von mir als wahrhaftig wahrgenommenen »Umgangstons« gestatten.